Bibliographische Information der Deutschen Nationalbilbiothek
Die Deutsche Nationalbibliothek verzeichnet diese Publikation
in der Deutschen Nationalbibliografie, detaillierte bibliografische
Daten sind im Internet über http://dnb.dnb.de abrufbar.

© 2015 Agnes Benninger
Herstellung und Verlag:
BoD – Books on Demand, Norderstedt
Alle Rechte vorbehalten
Ohne Genehmigung der Autorin dürfen Inhalte nicht weiter gegeben oder veröffentlicht werden.
Mit der Bitte um Achtsamkeit – DANKE.

ISBN: 9783738630190

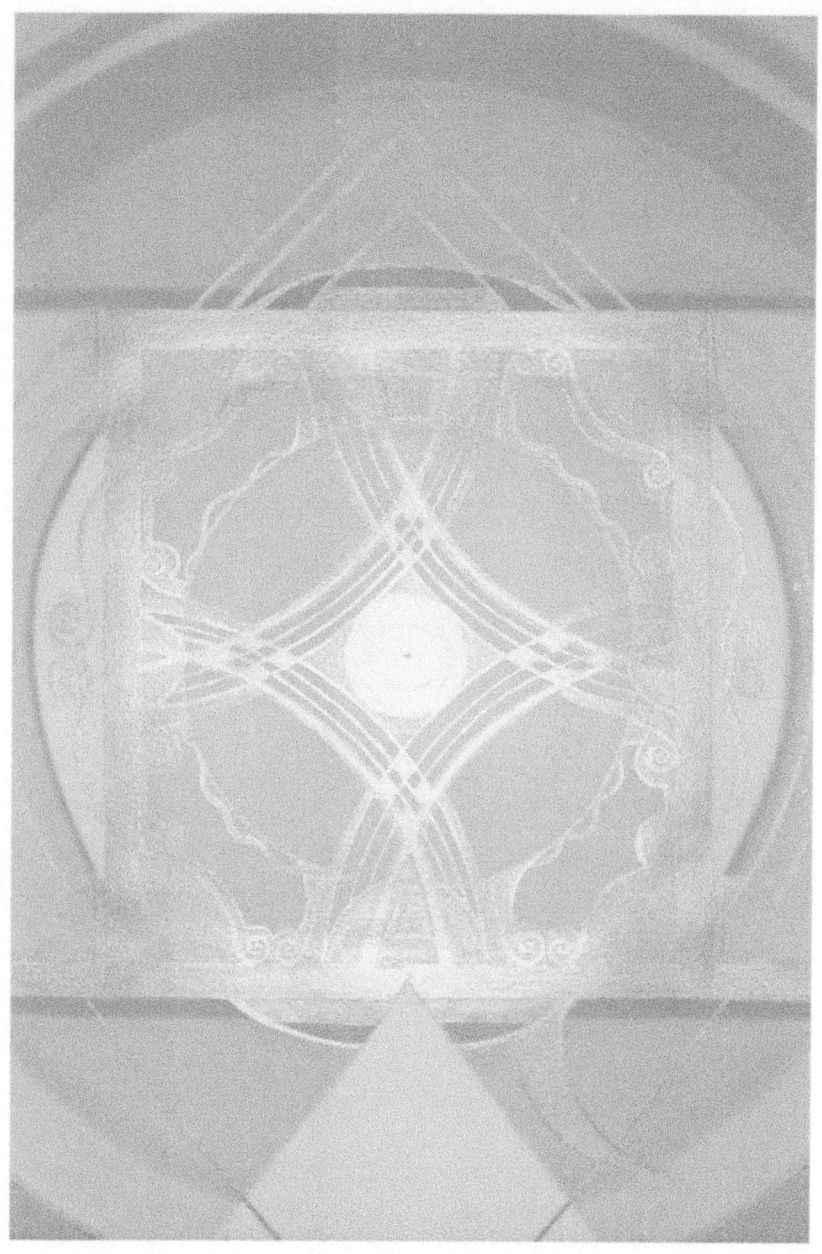

Jeder Mensch kann eine neue Welt hervorbringen.

VERTRAUE.

Du bist die Kraft.
Die das Neue erschafft.

FÜR ALLE VÄTER UND SÖHNE

TABU

AUS DEM OZEAN DER UNGEWEINTEN TRÄNEN

MÄNNERTRÄNEN

AGNES A.

INHALT

ZUM BUCH 9
...MENSCH ERKENNE DICH SELBST... 10
TRÄNEN – HÜTER UND BOTEN DER NEUEN ZEIT 12
AM ANFANG – STIMMEN DES LEBENS 16

TRAURIGE TRÄNEN 20
SCHMERZVOLLE TRÄNEN 26
VERGESSENE TRÄNEN 33
VERSCHLOSSENE TRÄNEN 41

GESCHEHEN LASSEN -
EINE WEIBLICHE BERÜHRUNG 48

TOTE TRÄNEN 52
LIEBLOSE TRÄNEN 62
STUMME TRÄNEN 69
VERWUNDETE TRÄNEN 76
ERTRUNKENE TRÄNEN 83
VERBITTERTE TRÄNEN 91
TROTZIGE TRÄNEN 99
LUSTLOSE TRÄNEN 107
VERZWEIFELTE TRÄNEN 117
ALTE TRÄNEN 122
VERLASSENE TRÄNEN 129
VERBOTENE TRÄNEN 135

VOM OZEAN DER UNGEWEINTEN TRÄNEN 140
VON MANN ZU MANN 142
VON MIR FRAU 144

ZUM BUCH

In Liebe und Respekt für Mensch und Leben ist dieses Buch entstanden. Es wird dir übergeben, auf dass du in deiner Achtsamkeit damit umgehst. Mögest du für dich finden, was dir gut tut und mögest du berührt werden, da wo du Berührung ersehnst.

Lies langsam und erlaube dir einzutauchen in den Ozean der ungeweinten Tränen. Tauche wieder auf ... dein Herz erwacht.

Mögest du dich an dich Schöpfer und Mitschöpfer erinnern. Bitte. Danke

MENSCH ERKENNE DICH SELBST

Die Worte, die nun am Anfang stehen, werden als Letztes in diesem Buch geschrieben. Mein Heute spricht zu mir. Es spricht zu mir aus dem wahren Grund und Boden des Lebens, der jedem Menschen Liebe, Achtung, Respekt und Wertschätzung entgegenbringt. Unsere Seelen kennen diesen wahren Grund und Boden. Nun ist die Zeit gekommen, in der die Menschheit erwacht. Mensch erkenne dich selbst...Große Veränderungen geschehen und stehen bevor. Der Wandel wird alles erfassen.

Das Leben selbst ist es, das spricht. Es spricht schon lange zu uns in seinen unzähligen Sprachen. Jetzt erst wieder sind wir bereit zu hören, was es sagt. Alles was wir in unseren Leben finden, erzählt uns wie es um uns steht. Um was es geht.
Schmerz und Leid wurde verdrängt. Tot geschwiegen, missbraucht, bewertet und entwertet. All dies ist dennoch da... Wir haben uns vor diesen Kräften verschlossen und uns auf diese Weise so unglaublich viel weggenommen. Wir haben uns selbst beraubt. Uns selbst vorenthalten, was uns zusteht.

Die Wunden und Verletzungen jedes einzelnen Menschen - der ganzen Menschheit - enthalten den Stoff der Heilung, der Transformation und der Vergebung.

In diesen uralten Wiederholungen, diesem über ewige Zeiten andauernden Kampf und Krieg finden wir das, was wir vermeintlich suchen. Mann und Frau – jene Menschen, die sich den Ursachen zuwenden - werden durch alles hindurch auf dem Grund und Boden ankommen.
Ein Weg, der oft nicht einfach ist. Und doch *das Wesentlichste hervorbringt*. Die wahre Liebe für unser so kostbares Leben. Für uns selbst, die Menschheit, die Erde,...das Universum.
Ein Weg, der uns wieder *nach innen führt*. MITTEN INS EIGENE HERZ hinein. Hier angekommen finden wir, was wir solange im Außen suchten.

Liebe, Vertrauen, Wissen, Wahrheit und Frieden ruht hier. Immer während für uns bereit. Das Herz in seiner unendlichen Liebe wird jene führen, die eine friedvolle, liebevolle Welt erschaffen wollen.

Mein innigster Dank gilt allen Menschen, die mich mit ihrem Leben berühren. Er gilt all den Männern, die mir einen Seelen Blick in ihr Leben gewährten. Ich verdanke ihnen viel. Viel mehr als ich sagen kann.

Ich verdanke ihnen mein Heute.
DIESES HEUTE FÜHRT MICH IN EIN LIEBEVOLLES SELBSTBESTIMMTES FREIES LEBEN.

Möge jede geweinte Träne Balsam sein.
Balsam für die Herzen, die nun wieder weich und offen sein dürfen.
Liebe ist der einzige Schutz.
Der einzige Hafen.
Die einzige Heimat.

Zu Hause sein in einer Welt.
Auf einer Erde.
In einer Menschen Familie.

TRÄNEN

HÜTER UND BOTEN DER NEUEN ZEIT

Der Himmel hat seine Pforten nie geschlossen. Immerwährend hat sich das Licht verströmt und es wird sich weiter verströmen. Stärker kraftvoller und liebender als je zuvor. Auf der Erde kommt die Güte und die Liebe des Himmels an. Rein, klar und ganz natürlich verbindet sich das Himmlische mit dem Irdischen. Die Erde, unsere wundervolle Heimat zeigt sich uns in ihrem überfliessenden Reichtum an Schönheit und Liebe. Gleichzeitig wird sichtbar, was der Mensch seiner eigenen Heimat zugemutet hat, ohne an die Folgen zu denken. Und nun, nun kommt es auf uns Menschen an wie wir hier weiter leben wollen. Die Erde im Wandel, die Menschen im Wandel! In einem Wandel, der noch nie auf diese Weise gelebt wurde.

Es wurde vom Paradies erzählt. Vom Himmel auf der Erde. Ja und nun nun ist es soweit. Das Paradies möchte erscheinen. *Der Himmel auf der Erde möchte erscheinen.* Die Kräfte des Lebens zeigen sich in einer erschütternden Weise in allen Bereichen des Lebens. Was für die einen einem Wunder gleicht, wird für die anderen zu Angst und Schrecken.

All das, was die Menschen nicht mögen an sich, an anderen, am Leben selbst zeigt sich uns in all den unterschiedlichen Erscheinungen von Umweltschäden bis hin zu Krankheiten, Hunger und Not, Macht und Machtkämpfen, Krieg in unterschiedlichsten Gesichtern,...und dennoch wird weiter Verdrängung gelebt und Verantwortung abgelehnt.
Während all das geschieht, singt die eine Seele ihr Lied. Ein Lied von Frieden und Freude. Von Liebe und Gemeinschaft. Von Gleichheit, Würde und Fülle für alle. Die eine Seele hat ihr Herz immer weit geöffnet für jeden Menschen egal wo er herkommt, egal ob schwarz ob weiß ob arm ob reich. *Die eine Seele liebt ein jedes Menschenkind.* Die eine Seele liebt. Sie liebt und diese

Liebe kann alles ändern.
Der eine Geist in seiner unerschütterlichen immerwährenden Reinheit spricht klar und rein. Sein Licht berührt alle Brüder und Schwestern. *Im Geiste sind alle eins.* Auch wenn dieses EINS SEIN auf der Erde noch nicht gelebt wird, ist es dennoch seelisch geistig immerwährend präsent.

Eines Tages, in der Begegnung mit einem mir lieben Menschen, sind mir die traurigen Tränen begegnet.

Sie haben mich berührt. Mein Herz hat sich ihnen zugewandt. Sie schienen kein Zuhause, keinen Platz zu haben. Was mich sehr nachdenklich werden liess. Ich hab sie einfach gelassen, was mich hierher geführt hat. Dankbar spüre ich ihre große so innerliche Kraft und ihren Segen, der sich verströmen will. Ich gebe mich den Tränen. Ich gebe mich diesem Wasser hin, das da fliessen möchte und höre ihm zu. Und indem ich da bin, hören und fühlen will, beginnen sich die Tränen zu bewegen. Zu bewegen aus alten Schluchten des Lebens. Aus alten vertrockneten Böden des Lebens. Aus geschundenen Äckern des Lebens. Aus Schlachtfeldern, die ein Weinen nicht zuliessen. Aus Gefängnissen, in denen die Strafe niemals verbüßt war. Aus Elternhäusern, in denen Tabus der Elternschaft hochgehalten wurden.

Aus allen Bereichen des Lebens kommen die Tränen hervor.

Sie brauchen noch eine Weile, weil sie schwer und dicht geworden sind. Das Wasser solange träge und trüb tief eingeschlossen. Es dauert bis sie sich zu lösen beginnen.

Menschen erscheinen vor meinen inneren Augen, die ihre Tränen ewig eingesperrt haben. Die sich aufrecht gehalten haben, aus Angst davor ihren Schmerz und ihre unendliche Verletzlichkeit zuzulassen.

Aus Männerherzen,
aus Frauenherzen,
aus Kinderherzen
will der alte Schmerz des Vergessens, der Lieblosigkeit, des Alleinseins, der Entwürdigung, der Respektlosigkeit gehen.... brach liegende innere Landschaften wollen wieder atmen und leben.

Die traurigen Tränen sind zu mir gekommen, um endlich sprechen zu können. Sie haben auch andere ungeweinte Tränen mitgebracht.

Tränen sind Boten der neuen Zeit. Sie erzählen vom Verlust, vom Verrat, von der Dunkelheit, die solange unsere Herzen einnahm, bis wir ganz vergessen haben, wer wir sind und woher wir kommen. Wir sind Wesen. Wesen aus Licht, göttliche Wesen - KINDER GOTTES - die auf der Erde als Mensch erscheinen. Die Zeit ist gekommen, in der wieder ins Bewusstsein rückt, dass wir Seele, ja Geist sind. Um endlich wieder aus diesen weiten Räumen des Bewusstseins schöpfen zu können. Eingeschränkt durch menschliche Strukturen, Vorgaben und kollektive Gedanken und Gefühlskonstrukte, ja Prägungen lebt die Menschheit trotz des sogenannten Fortschritts Enge und Begrenzung. Ist der Mensch gefangen in Illusionen...DIE WAHRE NATUR DES LEBENS WIRD VERSPOTTET...das Leben aufs Spiel gesetzt...

Die traurigen Tränen sind gekommen! Sie sind gekommen, um allen Tränen einen Namen und Raum zu geben. Um alle Tränen das sein zu lassen. Sie sind gekommen, um zu führen. Zu führen in eine Gegenwart, die annimmt, was da ist. Die hinsieht und sich nicht wegdreht. Die weiß, das alles da sein darf.

Die weiß, dass Transformation, JA WANDEL, da geschieht, wo Annahme, das Ja und Segen sind.

Die traurigen Tränen und all die anderen Tränen bergen in sich soviel Weisheit.

Sie bergen Liebe, die die Türen aufmacht zu weiten Feldern des Bewusstseins, die vom Leben erzählen.
Vom Leben und dem, was der Mensch in seiner tiefsten Seele weiß für sich selbst und für sein Leben. Sie erzählen von Liebe, Freude, Glück, Frieden...! Von der Seele innewohnendem Gut, das in jeder Frau, jedem Mann, jedem Kind da ist. Sie bergen all die neu zu gewinnende Lebensenergie, die fliesst, wenn wir den eigenen Tränen lauschen. Den Tränen, die unter den Menschen wohnen. Den Tränen, die von verschlossenen Herzen erzählen. Von Herzen, die zugesperrt sind aus Angst und die schon so lange darauf warten wieder offen sein zu dürfen.

Um Liebe anzunehmen und zu geben.
Liebe, die immerwährend da ist.
Um in dieser Liebe und aus ihr heraus da zu sein.

LIEBE, die das Leben mit weiten Augen anschaut. Mit offenen Ohren hört. Und mit weichem sanftem Herzen fühlt. Einem Herzen, das unter all den Überlebensstrategien endlich wieder zum wahren Leben erwachen möchte.

In jedem Menschen pocht ein Herz. Jedes dieser Herzen ist durch die gleiche Schöpferkraft lebendig. Jeder Atemzug, den ein Mensch macht, ist von der gleichen Kraft – DER EINEN KRAFT – erschaffen. In den traurigen Tränen und in all den anderen Tränen sind wundervolle Wünsche und deren Erfüllung verborgen.
Tränen sind Boten und Hüter der neuen Zeit. Boten bringen Botschaften. Hüter hüten das Leben. Bote sein, Hüter sein! Bist du bereit deine Tränen sprechen zu lassen? Bist du bereit für das, was sie dir erzählen wollen? Bist du bereit dich von ihnen berühren zu lassen... Sei willkommen im Kreis derer, die die Obhut ihrer Seele wieder annehmen wollen.

JEDE TRÄNE EINE PERLE DER SEELE

Soviele Perlen so schön glänzend und rein...so edel und wahr... so herrlich gewachsen im Dunklen...nun vom Licht dem Licht offenbart unendlicher Reichtum
erscheint....

Sie benetzen die Wangen der Weinenden. Sie fallen auf die Erde, die sie dankend annimmt. Sie berühren Menschen an ihren wunden Punkten und in ihrer Liebe und Güte.

So werden die geweinten Tränen zu Unerwartetem.

Zu WUNDER VOLLEM. Spürst du was geschehen kann, wenn du dir endlich erlaubst zu weinen? Wenn du endlich fliessen lässt, was fliessen will.

Erlaube dir loszulassen! Vertraue dem Fluss. Lebe wieder mit einem Herzen, das rein und klar ist. Das leuchtet! Das warm und weich ist. Das bereit ist zu lieben und geliebt zu werden!

DER ANFANG - STIMMEN DES LEBENS

Annehmen was das Leben bringt und dem vertrauen, was es erzählen will.

Ein Freund sprach über die Traurigkeit, die in seinem Leben immer wieder auftaucht. Als Antwort auf eine SMS von ihm schrieb ich eines Morgens die folgenden Worte:

"Tränen, die alleingelassen und verlassen in dir...Tränen, die jetzt geweint die Verbindung zum eigenen Herz und zur eigenen Liebe sind…traurige Tränen kostbarer Besitz, der gelebt Brücken baut ins Innerste…Brücken baut im Aussen über Grenzen hinaus…."

Ein leises Erstaunen über die Tiefe und die Essenz der Worte blieb in mir zurück. Tiefer Klang und Inspiration. DER ANFANG. Ein starkes klares Empfinden liess mich das Wahrgenommene tragen und bald darauf habe ich "Traurige Tränen" geschrieben.

STIMMEN DES LEBENS haben sich einen Weg gesucht.

Diesen Weg gehen! Nicht wissen, wohin er führt…Landschaften des Lebens betreten und sich einlassen auf das, was kommt oder nicht kommt. Eine Reise antreten ohne Ziel. Ohne Landkarte und Wegweiser. Ohne zu wissen, was geschehen wird. Keinen Reiseführer haben und dennoch GEFÜHRT SEIN von der inneren Führung, die sich in dieser Reise entfalten will…Von Herzen danke. Eine Schöpfung nimmt ihren Lauf. Bewusstsein für die Schöpfung, die Schöpferkraft, den Schöpfer, die Schöpferin wird präsent. *In dieser Präsenz* ruhen unzählige Potentiale, die vollkommen *offen lassen, was entstehen möchte.*

Nach den traurigen Tränen war mir klar, dass weitere Texte folgen würden und so überließ ich mich einfach den Stimmen. Je mehr ich mich dem Weg anvertraute, umso empfindsamer, ja sensibler erschien mir dieses Tun. Das Gewebe des Lebens auf diese Weise zu betreten, das Leben von Menschen auf diese Weise wahrzunehmen, ist mit nichts vergleichbar. Es entstehen tiefe Berührungen, die soviel Einsicht, Erkenntnis, Wissen und Weisheit bergen.
Ein neues Bewusstsein für das Leben selbst ist durch alles hindurch an die Oberfläche gekommen. Hat sich im Herzen niedergelassen, das still und ruhig auf alles schaut.

Die Stille und das Sehen in dieser Stille bringt die Kraft und Liebe eines jeden Mannes hervor. Bringt das Licht einer jeden Seele ins Leben!

Und so kannst du dich auf diese Berührungen einlassen. Du kannst so deine eigene Reise machen. In die Welten, die durch diese Männer erscheinen. In Welten, die durch sie *in dir bewegt* werden. *In Welten, die sichtbar werden, weil die Tränen ihre heilende, liebende Kraft verströmen.*

Der weinende Mann ist ein Tabu.
Der leidende, schmerzerfüllte Mann ist ein Tabu.
Der Mann, der sich selbst im Stich lässt, ist tabu.

MÄNNER TRÄNEN
MÄNNER HERZEN
MÄNNER WEINEN

In all den Erscheinungen reisen wir durch die individuelle und die kollektive Geschichte. Durch Strukturen, die wir im Individuum und in allen anderen Strukturen finden. Strukturen, die ein künstliches Leben erschaffen haben, das uns alle weit weit weg geführt hat. Weit weg von unserem Herz...
Wieder ein Herz haben, es fühlen und zulassen!

Das scheint die wirkliche Aufgabe zu sein, vor der wir stehen. Diese Aufgabe individuell und kollektiv zu erkennen. Das Herz wieder annehmen! Seine Sprache wieder hören, ist die größte Herausforderung im Hier und Jetzt.
Die Zeit ist gekommen, in der wir an Grenzen stoßen, die wir nicht mehr übersehen, überhören und totschweigen können.

DAS ÜBER LEBEN DER MENSCHHEIT AUF DIESEM PLANETEN STEHT AUF DEM SPIEL. DAS ÜBER LEBEN VON MANN, FRAU UND KIND. DER ERDE SELBST.
AUS ÜBER LEBEN DARF NUN LEBEN WERDEN.

LEBEN

TRAURIGE TRÄNEN

Tränen, die alleingelassen und verlassen in dir... Tränen, die jetzt geweint die Verbindung zum eigenen Herz und zur eigenen Liebe sind...traurige Tränen kostbarer Besitz, der gelebt Brücken baut ins Innerste...Brücken baut im Aussen über Grenzen hinaus....Tränen des Kindes, des Sohnes, des Mannes, des Vaters, des Freundes, des Geliebten, des Liebenden,...Traurige Tränen, die geweint soviele Botschaften und Erkenntnisse schenken...trockenes ausgedörrtes Land wird wieder fruchtbar und Heimatland...Suchender, Suche und Gesuchtes Eins...Mann und Frau sein frei, Kind sein frei...

FREIE LIEBE WAHR

Er geht durchs Leben in all seinen Stadien. Ist herangereift zu einem Mann in bestem Alter. Gefühle der Trauer legen sich wieder und wieder um sein Herz so wie ein Mantel einhüllt den Körper. Vom Innersten des Herzens leises Flüstern an sein Ohr dringt. Manchmal wie das Murmeln eine Baches. Manchmal wie das Wispern von Blättern im Wind. Manchmal wie das Licht, das aufscheint, indem Moment da es auf eine geschmiedete Klinge fällt. Und er...er geht weiter und weiter.

"Bleib stehen" die Tränen rufen, "bitte bleib stehen". Immer wieder rufen sie. Schon so lange. Der Mann, er macht und tut und macht und tut. Und schafft und schafft. Dieses und jenes ist ihm wichtig. Dieses und jenes glänzt wie Gold und ist doch falsches Gold. Er erliegt seinem Suchen ohne zu wissen, dass er sucht mehr denn je. Die Suche versteckt unter des Mannes vielfältigstem Erscheinen, unter all seinen Rollen verströmt sich leise und alt. Verströmt sich in seinen Augen, die ihm zeigen wollen, dass sein Blick getrübt...getrübt vom eigenen Schmerz und dem von anderen, die in seinem Leben wirken....

Stimmen kommen zu ihm, die laut und deutlich. Klar und wahr. Da benimmt er sich dann ganz sonderbar. Vermischt in sich die Materalien, die Substanzen und mit einem Mal ist nichts mehr da vom Klar, vom Wahr. Weggewischt von tiefen weiten Ängsten, von unüberbrückten Schluchten. Schluchten, die entstanden aus alten Überzeugungen. Aus falscher Macht und überliefertem männlichen Stolz.

Aufopferungen gebaut aus Verzicht auf Liebe.

Die traurigen Tränen oft einziger Halt, einziges Gut, das ihm angehört. Auf ewig.

Tränen, die alleingelassen und verlassen in ihm. Vor langer Zeit im Herzen auf dem Weg durch die Inkarnationen eingesperrt.
In diesem Leben im kleinen Kinderherz.
Im Herz des jungen Mannes.
Im Herz des Erwachsenen.

Tränen, die darauf warten geweint zu werden. Die darauf warten in all ihren Facetten erscheinen zu dürfen. Alte Wut und blinder Verzicht zehren am Herzen. Tiefste weiteste Liebe zehrt an seinem Herzen. Mit jedem Tag die Kräfte stärker. Die Tränen schwerer. Nichts hilft bis alles bricht. Der Riss schon längst sich gebildet. Schon längst sein Werk vollbracht und jetzt die Schichten wanken. Die ersten sie lösen sich und fallen zu Boden. Wieder erscheint eine neue Schicht und auch hier der Riss schon wirkt. Klein des Mannes Kraft am Boden kauert. Von Kälte durchströmt. Der Mann, er sieht nicht wie sie schwindet die Kraft, wie allein sie ist. Er will diesen Teil nicht nehmen. Diesen Teil, der sosehr nach Heimkehr fleht.

Was lässt er da von sich nicht an ihn heran? Gar die Kraft der Freiheit? Vor was hat dieser Mann soviel Angst? In ihm tief drin da wohnt ein anderer. Einer, der stark und im Willen des Einen geborgen sein Licht verströmt. Auch dieser darf nicht heraus aus Angst. "Angst Angst Angst ", die Geister rufen!

Und so der Riss sich weiter entfaltet und noch weiter entfaltet. "Bitte eine Träne", seine Seele spricht. Auf ihr Geheiß wird ihm diese EINE geschenkt. Im Traum trägt das Licht diese Träne zu ihm. Träume sind eine Sprache, die er spricht...

Tränen von Augen des Lebens geweint. Sie rinnen hervor durch dieses Tor und ergiessen sich in eine Welt, der ganz viel Liebe fehlt.

Und auch wenn Tränen oft missbraucht....Im Hier und Jetzt sind sie Stimmen der Ankunft, der Heimkehr.

Tränen geweint aus freiem Willen.
Zugelassen aus freiem Willen.
Losgelassen aus freiem Willen.

Endlich der Weg nun frei für ihr Erscheinen. So wird nun gewahr, was ihr Sinn, ihre Geschichte. Und erst der, der dies versteht wird wissen wo er wohnt, wohin er geht. Woher er kommt.

Zuhause ist da, wo das Herz sich öffnen kann.
Zuhause ist da, wo die Erlaubnis wohnt.
Zuhause ist in dir Mann, wenn du dir erlaubst GANZ – mit allem was du bist - DA ZU SEIN.

In des Mannes Brust alter Verlust. Vor langer Zeit nicht vergeben sich selbst hat er mitgenommen alten Schmerz. Schmerz zu Schmerz gefügt. Ohne zu erkennen was geschieht. Ohne zu erkennen, dass Schmerz nur Schmerz gebiert solang er unbekannt. Solang er nicht benannt. Worte wollen aus ihm heraus. Alte Worte, die sich schwer über die Lippen wagen. Alte Worte, die sich selbst noch im Wege stehen. Und doch ist es Zeit. Ist EIN WORT gesprochen, folgen die anderen. Wenn er es sich gestattet. Soviel hat er zu sagen. Soviel zu benennen. Soviel was die Welt erhellt, obwohl er meint sie in Finsternis zu tauchen. Alter übernommener Wert seine Glut ständig löscht. Wann bricht er den Bann der Großväter, der Väter, der Männer, der Söhne, der Kinder? Wann bricht der Mann den Bann der traurigen Tränen, die versperrt im Geiste, im Herz und im Geschlecht gebunden sind? TRÄNEN, die erst gewandelt werden, wenn sie fliessen...

Sprich und deine Seele wird gesund.
Sprich über deine Wunden, dein Verletzt sein.
Dein dich selbst verletzen aus Angst.
Dein dich selbst verletzen aus Unterdrückung.
Dein dich selbst verletzen, weil du nicht zu dir und deinen Gefühlen stehst.
Sprich über deinen Ärger, deine Wut und deinen Zorn. Sprich und während du sprichst, wirst du beginnen DICH ZU ERHÖREN. Endlich wandelt sich alles in Licht!

Er hört es ist das Licht das spricht und auf jeden Schatten scheint.

Jeden Schatten durchdringt. Die Alchemie der Sprache offenbart ihr Heil und endlich wird sie freigesprochen in ihm. Um ihn und alle zu befreien. Segen jedem Wort, das Licht erschafft. Denn daraus werden Taten folgen, die das Licht verströmen.

Die Liebe, vom Herz neu geboren, weil es frei sein kann, erkennt sich nun.

Tränen fliessen, während er sich und seine Worte gibt...

Gewandelt in Liebe für ihn und seine Liebe.

Herz im Geiste frei sich regt.
Herz im Körper frei sich lebt.
Herz das Geschlecht erhebt.
Herz das Lied der Seele singt...
Mann sein...

Er, er geht. Endlich seine Schritte frei. Sein Weg entfaltet sich unter seinen Füssen, während seine Seele lacht. Sein Haar vom Wind getragen. Er ist nun klar und rein.
Die Welt erhellt...danke für deine Tränen. Du hast sie gegeben. Endlich. Was hast du dafür bekommen?

TRAURIGE TRÄNEN FLIESSEN WÄHREND ER SICH UND SEINE LIEBE NIMMT UND GIBT. ALLE TRENNUNGEN IN IHM NUN VERBINDUNGEN. WIE INNEN SO AUSSEN. SEIN HERZ GEHÖRT NUN IHM. ER LIEBT...VOLL UND GANZ...GLÜCK UND FREUDE SEIN WAHRES GUT

MEER

SCHMERZVOLLE TRÄNEN

Tränen...tief, ganz weit innen drinnen eingesperrt. Ihr Dasein verleugnet, unterdrückt und verspottet. Das Kind, der Junge offenen Geistes ungesehen immer mehr verschwindet in sich selbst. Da wo er sich so so lange nicht mehr findet. Schmerzvolle Tränen jetzt geweint, die Wege zum eigenen Herz freilegen. Die Wege zum eigenen Wesen, zum eigenen Selbst. Tränen, die Wege schaffen für alle, die gehen, um sich von altem Leid und uralter Pein zu befreien.
Tränen, die die Schlachtfelder des eigenen inneren Krieges erlösen, um sich selbst und der Welt endlich den Frieden zu schenken, den befreiter Schmerz verströmt...einst ein Held nun ein Mensch im eigenen Lichtfeld....

ERLÖST VON SICH FREI

Suchend lebt er sein Leben um weiter zu verschwinden im vermeintlichen Finden...Drogen in legitimer Form ihn - den nun erwachsenen Mann - binden und knechten. Er, der Mann, leistet schweren Dienst, ja Frondienst. Er sieht, fühlt, ja spürt immer weniger und je länger all dies dauert, umso mehr umfasst ihn Dunkelheit. Sie spinnt ihn ein von Kopf bis Fuss. Sie treibt ihn an von Kopf bis Fuß. Sie durchdringt sein Licht von Tag zu Tag mehr.

Einst ein waches Kind mit großen Augen und weitem Geist, sah er das Licht. Spürte er die Freude des Wachseins im Geiste.

Ein unerwünschtes Kind und noch dazu ein zweiter Sohn! Dem Erstgeborenen immer unterlegen. So als gäbe es keinen Platz für einen Zweitgeborenen. Ja unerwünscht und wenn schon dann eine Tochter. Erklärungen für das Verhalten und die Lieblosigkeit der Eltern. Für die Gewalt verströmende Kraft des Vaters. Für die Schutzlosigkeit, in der ihn die Mutter allein lässt. Für tiefe Wunden und Verletzungen, die doch niemals in so einem großen starken Mann sein können. Für seinen inneren Krieg, der ihn auf seinen inneren Schlachtfeldern mehr als einmal fast das Leben gekostet hat.

"Was ist geschehen, was geschieht", die schmerzvollen Tränen rufen. So weit innen drin versteckt, hat er sie nie gehört. Nie verstanden. Allen zeigte er seine Kraft, seine Macht und seine Präsenz. Seine Fassade, die er so gut beherrscht. Ein Spieler, so voller Tricks und ein Meister im Täuschen, der mit hohem Einsatz spielte und meinte zu gewinnen…

Schmerzen hoch wie Wellen, tief wie der weite Ozean…Einsam sein und ganz allein…UNGELIEBT.

"UNGELIEBT", die Tränen schreien – "ich werde nicht geliebt". Erstickt vom Schmerz hört er sie nicht die Schreie. Den Menschen zeigt er seine Macht und somit hat er sich fast umgebracht.

Sterben
sterben
sterben …

Soviele Arten gibt es dieses Sterben zu leben. Er kennt sie alle. So als wäre er auf dem Schlachtfeld, so lebt er sein Leben. Weiß nicht was gut ist für ihn. Weiß nicht was ihm schadet. Weiß nicht wer er ist. Weiß nicht wer er sein will. Hoch zu Ross in strahlender Rüstung stellt er sich an vorderste Stelle und blendet alle. Ein Ritter, ein Kämpfer, ein Retter, ein Beschützer, ein Mann, ein Vater, ein Sohn, ein Ehemann, ein Partner, ein Versorger, ein Bruder, ein Freund, ein Geliebter, ein Arbeiter, ….ein Mann in Rüstung hoch zu Ross…Rollen, die er "blendend" zeigt…was dahinter…

Er sieht in die Spiegel, die ihm andere zeigen. Es sind wenige, denn er lebt so, dass er nicht mit vielen Menschen zusammen kommt. Er sieht hin und dennoch sieht er nichts von sich. Was er über sich wahrnehmen könnte, macht er zu dem der anderen und so bleibt er immer der Edle, der Starke, der Fehlerlose. Was ihn zu einem Attentäter MACHT.

Er fügt anderen Schmerz zu, um den Seinen nicht zu fühlen.
Er schmälert andere, um seine eigene Schmach nicht zu fühlen.
Er macht andere zu Lieblosen, damit er seine eigene Lieblosigkeit nicht fühlt.
Er verachtet Frauen, damit er die Verachtung seiner Männlichkeit gegenüber nicht fühlen muß.
Er ist eifersüchtig – auch seinen Kindern gegenüber....

Schmerzvolle Tränen! Aus ihnen werden Peitschen, die ihn mehr und mehr schlagen. Nicht wissen wie es geht den Schmerz wieder zu fühlen, lässt noch mehr Schmerz und Schmerz entstehen. Schmerzvolle Tränen, die gelernt haben zu vergessen, dass sie Tränen sind und dass sie geweint werden wollen. Schmerzvolle Tränen, die zu Waffen werden in jeglicher Gestalt. Gier, die nach Macht, Geld und Erfüllung sucht. Die sich selbst bestraft, um nur ja nicht aufzufallen. Scheinheiligkeit, die vortäuscht gut zu sein, sodass jede gesunde Grenze fällt. Manipulation, die das eigene Opfer und Täter sein überspielt, um andere als Opfer und Täter da stehen zu lassen. Ein Spieler, der seinem eigenen Intrigieren und Lügen erliegt.

Schlachtfelder

...ein Arbeitsplatz, an dem er dem Chef in den Arsch kriecht, weil er ihn genauso ausbeutet, wie er es mit sich selbst tut. Arbeiten, um sich nicht mehr zu spüren. Arbeiten, um ein wenig Selbstwert auf die Reihe zu bekommen.

Schlachtfelder...Pornografie, um dem eigenen Unfähig sein sich auf Nähe und Intimität einlassen zu können, auszuweichen. Den eigenen Körper ablehnen und die eigene Sexualität in den Schmutz treten, weil andere Männer einen größeren Schwanz haben...sich messen, wo es nur geht...für was...

Schlachtfelder...die wundersamen eigenen individuellen schöpferischen Gaben verleugnen...sich selbst verleugnen... nichts wert sein...

Schlachtfelder... die Liebe ablehnen... die Liebe anderer

verleugnen...um nicht zu spüren, wie er sich und seine eigene Liebe verleugnet...

MÄNNERHERZ GEFANGEN IM SCHMERZ DER SCHLACHTFELDER, DIE NIE GEHEILT WURDEN
MÄNNERHERZ GEFANGEN IM SCHLACHTFELD MACHT UND OHNMACHT
MÄNNERHERZ GEFANGEN IM SCHLACHTFELD MUTTER UND VATER
MÄNNERHERZ GEFANGEN IM SCHLACHTFELD MANN UND FRAU
MÄNNERHERZ GEFANGEN IM SCHLACHTFELD LIEBLOSIGKEIT

Die Erde und die Menschheit – immer wieder verstrickt in Kriege, in Gewalt, in Machtanspüche. Äussere Botschaften des inneren Krieges, den Menschen über ewige Zeiten in sich selbst führen. KRIEGE IN MANN UND FRAU. Jeder äußere Krieg betrifft Mann, Frau und Kind. Jeder innere Krieg betrifft Mann, Frau, Kind.

Soviel hat der Mann erlitten. Sogar sein Herz wurde ihm aufgeschnitten. Was heutzutage schon fast normal ist. Sogar eine Maschine wurde ihm eingebaut, damit das Herz kontrolliert wird. Sogar ein Bein wurde ihm amputiert. Und erst als dies geschah, konnte er anfangen zu spüren, dass da Liebe ist. MÄNNERHERZ GEFANGEN IM SCHLACHTFELD KRANKHEIT.

Nun hat er das zweite Bein verloren. Steht sozusagen ohne Beine im Leben. Er hat ungeheure körperliche Schmerzen, die wohl den inneren Schmerz zeigen. Und immer noch fliessen die schmerzvollen Tränen nicht so leicht. Er ist erstaunt darüber, dass die Menschen ihn scheinbar wirklich mögen. Dass sie ihm zugeneigt sind und es fällt ihm immer noch schwer zu glauben, dass es so ist.

Was ist mit seiner eigenen Liebe für sich selbst!!!

Diese Worte klingen durch Raum und Zeit.

Die schmerzvollen Tränen haben soviel Geduld. Soviel Liebe und Wärme. So wie sie durch Vergessen einst zu Peitschen wurden, werden sie sich nun langsam zu Wegweisern entwickeln. Sofern er, der Mann bereit ist, seine alte Rüstung

und seine Waffen wirklich abzulegen. Sofern er bereit ist, vom hohen Ross zu steigen, um auf der Erde zu stehen in gleicher Höhe mit den anderen.
Schmerzvolle Tränen wird er weinen, wenn er spürt, dass er sich nach seiner eigenen Liebe sehnt. Wenn er beginnen wird zu spüren, dass *er* sich liebt. Die schmerzvollen Tränen können dies erwarten. Denn sie tragen immer das Unerwartete in sich.
Schmerzvolle Tränen sich lösen aus seinem inneren Schlachtfeld auf dass es werde zum fruchtbaren Lichtfeld.

Fruchtbar
fruchtbar
fruchtbar ...

Viele Felder sind bereit. Sie warten darauf, dass er sie erkennt. Dass er sie benennt. Nur er kann sie bestellen. Wie immer er dies tut, wie immer er es geschehen lässt....! Reiche Ernte ist ihm gewiss. Des Geistes Fokus die Samen setzt und sich mit dem Ganzen vernetzt. Wurzeln tief im Grund der Seele, auf dass ER SICH SELBST - ihn - nichts mehr quäle.

Er weint schon manches Mal...Es ist ihm noch fremd. Er sich selbst so nicht kennt. Noch immer sucht er im Außen Halt. Noch immer bekommt er nicht das, was er meint von anderen bekommen zu müssen.
Schmerzvolle Tränen wollen ihn führen. Lässt er sich berühren von sich selbst? Das ist die Frage. Die Antwort kann nur in ihm erscheinen. Nur er kann sie hören.
Schmerzvolle Tränen. Raunen und Flüstern in ihm. Sie sind bereit. Sie strahlen und leuchten, da Licht auf sie gefallen ist. Sie sind wach geworden im Dunklen, bereit sich zu zeigen. Mit all ihrem wundersamen Wissen wollen sie sich geben. Wollen sie sich der Welt schenken.

Er, er zögert.
Will er seine Tränen?
Will er sein Leben – will er sich dem Leben geben?

SCHMERZVOLLE TRÄNEN FLIESSEN WÄHREND ER SICH UND SEINE LIEBE NIMMT UND GIBT. ANGST VORM LEBEN KANN ZU LIEBE UND DANK WERDEN. WENN ER ES ANNIMMT DAS LEBEN. SEINE SEELE WEISS WIE ES IST IN FRIEDEN ZU SEIN. DAS IST SEIN HÖCHSTES GUT.

LICHT

VERGESSENE TRÄNEN

Nichts kommt hervor. Nichts scheint verborgen zu sein. Nichts spricht. Dennoch atmet und lebt die Vergangenheit. In ihm vieles verschlossen unter dicken Kleidern des Lebens, der Arbeit und des Schaffens. Wer vermag hier auf den Grund zu schauen. In die Tiefen zu gehen. Tiefen, in denen soviel Vegessenes wohnt. Vergessenes, das keine Gefühle hat und keine Tränen. Erinnerungen ohne Erinnerungen. Nun die Zeit beginnt, in der die Tiefen sich regen, sich bewegen. Alles was im Dunklen existiert, im Vergessen wird vom Licht berührt. Vom Licht, das in alles eindringt was ist.
Des Menschen tiefste Schichten tauchen auf....durch das Licht. Nun zeigt sich was dadurch zerbricht. Altes Gut fordert Tribut. Hinter das Außen blicken. Hineingehen ins eigene Lebenshaus, um alle Räume kennenzulernen. Auch jene, die vergessen wurden. Räume, in denen alter Schmerz versperrt. In denen Leben lebt, das sich nicht zeigen darf.

SEHEN ... SICHTWEISE ...VERGESSEN ... JETZT ERINNERUNG

Hier und Jetzt entfacht sich neues Feuer und es brennt gleich lichterloh. Vorbei die Zeit des Vergessens. Zu lang schon sie gedauert. Altes herrschaftliches Gehabe sich verströmte, um ein Bild erscheinen zu lassen, das viel zu viel verbarg. Ja viel zu viel nicht da sein liess. Lautes Lachen alles übertönte und Fertigkeit alles füllte.
Langsam
langsam
langsam ...

weichen die Kräfte seines Er*schein*ens. Sie halten nicht mehr, was sie versprechen. Sie bekommen nicht mehr, was sie wollen. Neu und ungewohnt das Feld. Die Straße, auf der er geht. Obwohl der gleiche Ort, die gleichen Menschen alles anders. Nichts mehr so wie es war. Hier erscheint Unverständnis mit all seinem lückenhaften Denken und Feilschen. Seinem gewohnten nicht Wahrnehmen und Übergehen. Doch auch das hält nicht, was es vermeintlich verspricht. Was ist los? Was?

Und hier kommt es wieder und nochmals herein das Unverständnis und es bockt und bockt. Es schleimt herum. Kein Versuch was zu ändern. Er, der hier sich zeigt, kann sich selbst nicht sehen. Mit einer einzigen Handbewegung wischt er sozusagen alles vom Tisch. Nun kommt die Lächerlichkeit, die sich über alles legt und das Belächeln. Damit nur ja nicht tiefer geschaut wird. Und während all dies geschieht, sitzt er allein am Tisch und stützt den Kopf auf die Hände. Dieses sein Unverständnis schüttelt automatisch den Kopf. So als ob er ständig nein signalisieren würde. Und ja er signalisiert nein. Er denkt auch nein. Immer wieder, ohne dass er es bemerkt.

Er denkt und fühlt nein ohne zu wissen, dass er dies tut. Nein zu dem, was er nicht kennt. Nein zu dem, was da erwacht. Nein zu dem, was er spürt und nicht einordnen kann. Nein zu seinem Allein sein. Allein ohne den gewohnten Halt...

.... gewohnter Halt aus alten Energien, die durch die großen Veränderungen nicht mehr da sind....

Gewohnter Halt hat sich bewegt. Hat sich gelöst. Ist weg und erst jetzt, erst jetzt beginnt der Mann zu spüren, dass etwas Gravierendes geschehen ist. Sein Leben hat sich verändert und auch das Leben derer, die um ihn sind. Jetzt da nichts mehr ist wie es war, zeigen sich die Veränderungen. Und ja sie wollen wahrgenommen, ja angenommen werden. Auch wenn noch nicht klar ist, wie das geht. Nicht klar ist, was dadurch entstehen wird. Gewohnt sein im Gewohnten zu leben, mit all den Abläufen, die Mensch gut kennt, bietet Sicherheit und Halt. Unbekanntes Unbenanntes taucht auf! Auf einmal werden da unbestimmte Gefühle spürbar...
Obwohl all dies da, geht er unerschrocken voran wie immer. Wie immer will er das tun, was er sich vorgenommen hat. Seine

Gedanken sind auf seine Arbeit und das, was er erreichen will gerichtet.

Gibt es überhaupt jemals freien Raum? Jemals Stille oder einfach nichts? Was tut der Mann mit seinen Gefühlen? Wie geht er mit sich und seinem Innersten um? Was bedeutet fühlen überhaupt für ihn? Warum hier bei ihm die vergessenenen Tränen...

Kinder im Sommer. Ganz verschwitzt die Haare. Rote Wangen und Erde auf den nackten Füssen. Die Hitze flirrt und das gemähte Heu verströmt seinen intensiven Duft. Viel Arbeit, wohin man schaut. Wohin man geht. Und inmitten all der Betriebsamkeit die Kinder. Die Kinder, die schon ganz schön zupacken, obwohl sie noch Kinder sind. Anstrengend schon für die Erwachsenen, wird es für sie oft viel zu viel. Doch wer sieht das, wer nimmt das wahr?

Die Eltern schaffen in ihrem Trott. Ihrem Äusseren, ja auch ihrem Inneren ist alles zuviel. Sie sind gefangen im Müssen, im Überlebenskampf. Liebevolle Aufmerksamkeit für sie selbst fehlt. Und die Kinder, die laufen einfach mit. Schmerz, der nicht gesehen wird. Tränen, die nicht getrocknet werden. Überforderung, die die kleinen Körper und Seelen so müde macht. Traurigkeit, die keinen Weg weiss. Sprache, die nicht gesprochen wird. Niemand da, der Zeit zum Zuhören hat. Kinder, die auf sich selbst angewiesen sind. Nicht wissen wie wichtig es ist da zu sein und wie wichtig es ist zu kommunizieren.

Kinderlachen...Kinder lachen...sovieles geschieht, was dieses Lachen nicht schätzt. Nicht als das erkennt was es ist:

Licht. Licht, das sich verströmt, um an die Freude, die Liebe, ja das Glück zu leben zu erinnern. Licht, das an die Seele erinnert...

Vergessene Tränen. Irgendwo im Lebenshaus des Mannes existieren diese Tränen. Nur er kann willens sein sie zu finden. "Für was", so ertönt nun seine gewaltige Stimme. "Für was brauch ich Tränen, die ich vergessen habe "...Spürbar nun der

Mann in seiner sogenannten Manneskraft. In der alten Kraft, die meint was vorbei ist, ist vorbei. In der alten Kraft, die Tränen bewertet. In der alten Kraft, die lieber verleugnet, als atmet. Alte männliche Kraft kann mit Tränen nicht umgehen. Sie will Tränen bei einem Mann gar nicht haben. Sie will weder die des eigenen Geschlechts, noch die der Frauen.
Und nun öffnen die vergessenen Tränen Tür und Tor. Tür und Tor zu Wissen und Weisheit, die immer während gehütet wurde. Tür und Tor zur neuen Zeit, die nun ihren Einzug in allen Welten feiert und gelobt.

Die vergessenen Tränen sind Lehrer für den Mann. Für diesen Mann. Für alle Männer. Ja für alle Menschen. Für Männer und Frauen. Diese Lehrer und ihre Lehren zeigen sich nun in ihrer Schönheit und Liebe. In ihrem reinigenden, wahrnehmenden und öffnenden Wirken.

Leise
leise
leise
beginnen die vergesssenen Tränen zu fliessen.

Tief drin in den inneren Räumen des Mannes. Leise damit er sie noch nicht hören kann. Denn das würde ihn jetzt noch erschrecken. Ihn jetzt zu sehr fordern. Es wird noch ein Weilchen dauern, bis er anfängt zu spüren, dass da in ihm noch viel mehr Leben ist, als er es bis jetzt wahrgenommen hat.

Leben, das er einfach nicht kennt. Weil ihm niemand beigebracht hat, wie wertvoll Empfindungen, ja Gefühle sind. Er lebt in einer Welt aus gut und schlecht. Ja und so ist alles was mit Fühlen verbunden ist, immer nur in diesem gut und schlecht vorhanden. In der anerzogenen Art so wie er es als Kind und Jugendlicher erlernt hat. Fühlen ist für ihn schwierig, unkalkulierbar. Ja auch immer noch angsteinflössend. Alles vor was er sich in seiner Kindheit gefürchtet hat, ja was er nicht verstehen konnte, hat Spuren hinterlassen. Spuren, die er nicht mag. Die er auch nicht aufkommen lassen will. Sein Vater, seine

Mutter, ja seine Familie und auch andere Menschen – die Welt um ihn herum in ihren vielen Gesichtern – ja vieles hat ihm Angst gemacht. Wobei er jetzt wieder müde den Arm fallen lässt, der so starke Mann. So als würden ihn diese Worte lähmen.

Nicht die Worte sind es, die lähmen, sondern sein Programm das zu belächeln, was umbequem sein könnte. Die alten, uralten männlichen und weiblichen Energien...lahm, unbeweglich, starr. Einfach im Kopf sein. Der Verstand wehrt einfach ab.
Doch ein Teil von ihm weiß, dass es wichtig ist hinzuschauen. Sich einzulassen. Und er weiß auch, dass er ganz schön ins Rudern kommt, wenns um sein Eingemachtes geht. Hier landen wir in einer Sprache, die er gut versteht.

Leise
leise
leise
wieder bewegen sich die vergessenen Tränen.

Sie sickern langsam durch all die alten Kleider des Mannseins. Des Stark seins. Des Recht habens. Des Kontrollierens. Durch alles, was ihm Wert und Anerkennung verschafft. Wann...wann wird der Mann soweit sein, seine vergesssenen Tränen zu fühlen, zu hören?

Vergessen wird nun zu Erinnerung.

Erinnern
erinnern
erinnern

An alles, was Schmach hinterliess.
An alles, was Demütigung hinterliess. An alles, was Hilflosigkeit und Überforderung hinterliess. An alles, was niemals verarbeitet und integriert wurde. Flammende Felder alter Lieblosigkeit haben in ihm Felder der Trennung und der Ohnmacht

hinterlassen. Felder, die leer und ohne Halt zurückblieben. Felder, die dem schon lang erwachsenen Mann soviel von seiner Kraft und seinem Geist stehlen, ohne dass er dies bemerkt. Verschleiss der eigenen Quellen, der eigenen Flüsse. Viel zu viel vom Einen, viel zu wenig vom Anderen. Einseitig lebt er sein Leben. Ohne dass er weiß, wie sich die anderen Seiten anfühlen. Was er nicht kennt, das kennt er nicht.

Vergessene Tränen? Wann dürfen sie Lehrer und Lehre sein?

Kein Unterrichtsfach, das unterrichtet wird. Kein Wissen, das in einem Buch zu finden ist. Keiner/Keine, die es für ihn tun kann. Nur er selbst kann seine vergessenen Tränen leben lassen.

Leben und leben lassen! Ja das kann in ihm verwirklicht werden. Auf eine heilsame sanfte so wohltuende Weise für ihn und andere.

Die vergessenen Tränen bringen SEIN SICH SELBST VERGESSEN zurück. Alles was er über lange lange Zeiten nicht mehr zugelassen hat. Viele Leben liegen hinter ihm, um hier in diesem Leben zu münden wie ein Fluss, der sich nach langer Reise ins Meer ergiesst. Fluss und Meer werden eins und jeder, der diese Natur des Lebens mit eigenen Augen sehen kann, weiß um diese mystische Erfahrung. Weiß um diese Augenblicke, die das Größere, das Ganze, das Eine erscheinen lassen. Die vergessenen Tränen sind Erinnerungen des Menschseins, die soviel Trost und Liebe brauchen. Die soviel nährende, wärmende und verbindende Liebe brauchen, um ein gesundes Mann sein und Frau sein hervorzubringen. Erst die gereinigte Balance beider Kräfte im Menschen - männlich und weiblich - erst die Verbindung beider Kräfte gibt den Blick frei auf die Felder des Friedens und der Gemeinschaft.

Erst der, der in sich selbst mit sich im Reinen ist, ist im Reinen mit anderen. Mit der Welt. Erst der, der sich an seine vergessenen Tränen erinnert und die Erinnerungen annimmt, erinnert sich an Gott.

Alles worüber ein Mensch weinen kann, erinnert an Gott. Erinnert an das, was verloren schien. Lässt erkennen, dass das Verlorene in jeder Träne heimkehrt.

Er, er wird seine vergessenen Tränen eines Tages vermissen. Da wird er sich selbst überlassen sein und seinem wahren Weg nicht mehr ausweichen können. Möge er weinen...einfach weinen um dadurch sich, das Leben und die Welt mit neuen Augen zu sehen.
SEHEN WIRD ZU NEUEM LEBEN. NEUES LEBEN WIRD ZU SEHEN. LIEBE SEHEN.

VERGESSENE TRÄNEN FLIESSEN WÄHREND ER SICH UND SEINE LIEBE NIMMT UND GIBT. VERGESSEN NUN ERINNERUNG. DER VATER UND DER SOHN GEHEILT. ER, ER VERSTRÖMT FRIEDEN. ENDLICH IM HAUS DER MUTTER ANGEKOMMEN. SIE HAT IHN EMPFANGEN. ER IST MIT IHR.

VATER

VERSCHLOSSENE TRÄNEN

Er ist da und dennoch woanders. Er ist hier und doch dort. Er ist zerissen. Tief verschlossen in ihm seine Tränen wohnen. Heilsame Tränen. Heilige Tränen. So gütige Tränen. Innerster Raum im Moment einziger Raum, der sicher. Einziger Raum, der ihm gehört. Hier kann er atmen. Seine Seele hat ihn hierher geführt. Ganz ganz tief nach innen. Damit er überleben kann.
Sachte sachte sachte...die geistige Welt ihn hält. Ihn wiegt und trägt. Er gleitet durch den Schmerz. Manchmal leise, manchmal laut und grell. Viel zu hell....Das Leben ist ihm gegeben. Er hat es genommen. Auch wenn er dies vor Schmerz und Scham vergisst.

ERLEBEN WIRD ZU ER LEBT.

Zu seinem Menschsein erscheinen verschlossene Tränen. Und allein schon diese Wörter...sie schwingen hoch hinauf, auch wenn sie sich noch so tief unten und dunkel anfühlen. Er taucht auf aus dem Nichts, ist da und mit ihm all das Verwundbare. Das Schützenswerte. Das Wahre, das Klare. Das Getrennte. Nebeneinander. Eins. Einfach. Soviel Liebe.

Ströme des Lichtes fliessen, obwohl er in tiefster Dunkelheit geht. Obwohl er sich vermeintlich nicht bewegt. Er kann sich nicht frei bewegen und bewegt sich doch. Sein Leben scheinbar in tausend Teile zerissen. Doch gleichsam ganzer als je zuvor. Niemanden vorher gekannt, der sosehr das Ganze benannt wie er.

Auf eine seelisch geistig irdische Weise...auf

einzigartige Weise. Seine Weise - so sanft und weich schwingt. So liebevoll berührt. So nah sie schwebt und doch eindringt. Durchdringt. Soviel Schmerz gleichsam soviel Liebe.

Sein Leben eine Aneinanderreihung von Verknüpfungen. Von starken Aussagen über menschliches Denken und Fühlen. Über seinen Grund und Boden. Seine Seele schon lange sucht nach ihrem wahren Zuhause. Zum Erkennen seiner Selbst führt sie ihn an Weggabelungen, an denen Entscheidungen auf ihn warten, denen er lieber nicht begegnet wäre. Die Angst sie zu treffen riesengroß und doch trifft er sie. In dem Wissen, dass sie alles ändern. Unwiederruflich alles. Nichts mehr danach wie es jemals war. Nichts mehr danach wie er es sich vorgestellt.

Die Tiefe und Vehemenz der Entscheidungen bricht alle bekannten Bahnen des Lebens ab. Taucht ihn in Verbindungslosigkeit, obwohl Verbindung das Ziel.

Alles verlassen was ihm lieb und teuer. Alles verlassen, was ihm bekannt. Alles verlassen, was ihm Gewalt antat. Er hat sein Land verlassen. Seine Heimat. Seine Familie. Seine Frau, seine Kinder. Seine Sprache, seine Zugehörigkeit. Seine Hautfarbe. Seine Kultur. Seine Religion. Das Licht, die Sonne, den Boden unter seinen Füßen...alle Räume und Bilder seines Lebens hat er verlassen, um nun von diesen Bildern verfolgt und gequält zu werden. Gesichter vor seinen Augen tanzen. Gesichter jener, die er liebt. Gesichter derer, die ihn gequält und misshandelt. Wilde Fetzen seines Lebens wälzen sich bei Tag und bei Nacht durch seine Gedanken und Gefühle. Er lebt und stirbt gleichzeitig.
Sehr kultiviert ist er und die Sprache des neuen Landes spricht er gut. Währenddessen die Angst an ihm frisst. Das Dunkle ihn mehr und mehr einnimmt. Ihn übermannt. Sein Körper schmerzt. Kein Schlaf mehr, der ihn befreit vom Denken.

*Zerbrochen
zerbrochen
zerbrochen ...*

So groß die Not in ihm. So groß die Not des Mannes, des Vaters. Tausende Kilometer fort von seinen Kindern. Von der Mutter seiner Kinder. Von jenen, die er zurückgelassen. Schuld gräbt sich in sein Fleisch. Scham und Schmach graben sich in seine Männlichkeit. In sein Mann sein, sein Vater sein. Sovieles ist ihm verwehrt. Ein Flüchtling ist er nun. Was jetzt, da er angekommen ist in einem neuen Land, an einem neuen Platz, zu wirken beginnt wie Gift. Nun die Gesichter der neuen Welt sich zeigen. Illusionen platzen wie Seifenblasen.

Die alte Welt und die Neue. Beide zeigen ihre Kräfte. ENTFESSELT strömen sie hervor...gefesselt der Mann an beide Welten. Tränen steigen immer wieder empor. Und mit jedem Mal alles, was er verlor. Im innersten Raum, da wo er überleben kann.

Musik aus einem fernen Land erklingt. Und Bilder des Lebens von dort mitbringt. Erinnerungen ihre Süße verströmen. Solang sie andauern der Schmerz ein wenig still, um dann noch heftiger hervorzubrechen. Tage verrinnen im Nachsinnen. Im Auf und Ab der Monotonie. Im Kreislaufs des Flüchtling seins. Unter seines Gleichen sein Alltag sich vollzieht.
Die Wüsten seiner Heimat tauchen auf. Weit dehnen sie sich aus. Nichts als Sand und Gestein. Allein allein allein...tief innen allein sein weit und weiter wird...ein riesengroßer Gong irgendwo existiert...nun angeschlagen...TON ERKLINGT IN DER ALTEN UND DER NEUEN WELT – AUF DER GANZEN WELT. Die Erde bebt und zittert, der Boden schwankt.

Die Menschen vom Ton erreicht, nicht wissen was zu tun. Die neue Zeit hat begonnen. Alle wissen bescheid. Jeder auf seine Weise.
Verschlossene Tränen zeigen sich nur jenen, die weit hinein sehen können. Jenen, die keine Angst haben vor diesen Tiefen.

Diesen Räumen, die da sind um die Traumen zu überleben. Die durch Gewalt und Machtausübung entstanden sind. Geschlagen und gequält zu werden hinterlässt Spuren. Tiefe Spuren. Das Nichtwissen wann es wieder soweit ist. Kein Wort darüber hervorgedrungen. Kein Wort, das das Erlebte herauslässt. Und wieder wird klar wie verwundbar, wie verwundbar das Leben doch ist! Er geht seinen Weg innen drinnen mit sich allein und allem was ihm gehört. Dem Schmerz des Hasses, der ihn trifft. Dem Schmerz des Verlassens. Dem Schmerz des Loslassens. Dem Schmerz der Ankunft in dem Gewahrsein ohne die Seinen zu sein.

Die verschlossenen Tränen erscheinen nun. Sie raunen und recken und strecken sich. Sie bewegen sich. Und er, der Mann in seinem innersten Raum, er macht nun auf eine Truhe. Eine Truhe, zu der nur er den Schlüssel hat. Eine Truhe, die auch nur er öffnen kann.
Er zeigt nun den Ort an dem die eingeschlossenen Tränen aufbewahrt, ja bewahrt werden von ihm. Er sieht hinein auf die verschlossenen Tränen und es kostet ihn Kraft. Es kostet ihn Kraft zu spüren wie wertvoll diese seine verschlossenen Tränen sind. Er weiß wieviel Liebe und Heil sie bergen.

Wieviel von seinem weiten Herzen und seiner Herzensliebe hier. Alles alles alles was ihm lieb und teuer, alles was ihm weh tut, hat er hier in diesen Tränen eingeschlossen auf dass er alles behalte, auf dass er nichts davon verliere...

Bitte nichts davon verlieren...er braucht den Schmerz noch. Er hält ihn wach...er hält ihn da wo er ist...

Tränen, die verschlossen, sind jetzt noch Schutz und Abstand. Denn sterben ist ihm immerwährend so nah und er weiß, dass es geschieht bei lebendigem Leibe. Seine Seele ihn hält, ihn trägt und schützt.

Und so wird hier gewahr, dass die verschlossenen Tränen noch nicht geweint werden können.

Sie werden wach und wacher mit jedem Tag, der vergeht. Sie werden klar und klarer mit jeder Stunde, die verrinnt. Sie sind schwach und stark gleichermassen. Sie halten und geben frei gleichermassen. Die eingeschlossenen Tränen dieses Mannes vollbringen ihr Werk im tiefsten inneren Raum. Sie wandeln Schmerz und Aufbegehren. Sie wandeln Angst und Verlust. Sie wandeln Schuld und Sühne. Sie wandeln...lassen kommen und gehen. Lassen da sein und nehmen an. Aufbegehren, sich aufbäumen den Himmel anschreien...alles lautlos. Alles allein. Er geht seinen Weg durch seine Dunkelheit. Durch die Dunkelheit der Menschheit. Er geht so wie er gehen kann.

Seine Tränen, sie bergen seine Kraft. Seine Liebe. Seinen Mut. Sie bergen seine Angst, seine Wut, seinen Unmut.
Sie bergen alles was er ist, damit er nicht am Leben zerbricht.

Die Truhe in seinem inneren Raum birgt all seine Schätze. All sein Gut. Auch sein Ungut. Äusserlich hat er alles verloren. Innerlich wacht er über seinen Schmerz, seine Liebe, seine Geschichte. Niemand kann ihm dies nehmen. Niemand kann ihm dies abnehmen. Niemand kann wissen, was das für ihn bedeutet. Niemand kann wissen, wann er bereit ist zu weinen.
Niemand kann wissen, was die verschlossenen Tränen in der Truhe - in diesem dunklen Raum - werden.

Er wird weinen, wenn er weinen kann.
Und so spricht er zu uns in einer Sprache, die zutiefst berührt. Die alle Erwartungen zerstreut und endlich bereit ist, tiefen Schmerz und Verwundbar sein zu lassen. Er spricht eine Sprache, die jede Seele versteht und die jede Seele erreicht. Eine Sprache, die nichts verlangt und doch alles gibt.

Er erlebt seine Geschichte. Er erlebt Liebe und Nichtliebe. Er erlebt...er lebt.
Halte inne und werde still, ganz still. Fühlst du sein ich will. Ich will leben wird ihm neu gegeben. Von der einen Kraft, die alles Leben erschafft. Gott spricht mit ihm, dem Sohn, dem Mann, dem Vater, dem Partner, dem Menschen...dem Wesen, das Mensch geworden ist.

Und so schliesst sich der Kreis, damit ein Neuer beginnt.

VERSCHLOSSENE TRÄNEN FLIESSEN WÄHREND ER SICH UND SEINE LIEBE NIMMT UND GIBT. ALLES LOSGELASSEN – DAS GUTE UND DAS SCHLECHTE – WIRD IHM DAS WAHRE, DAS GÖTTLICHE GEGEBEN. DIE HEIMAT IN SICH SELBST WO IMMER ER IST.

WELLE

GESCHEHEN LASSEN
EINE WEIBLICHE BERÜHRUNG

In diesen Bewegungen tauchte manchmal ein wenig Unsicherheit auf. Sich auf Tränen, ja auf Schmerz einzulassen, ist an sich schon eine Herausforderung. Ich spürte sehr klar einen Weg. Und doch kam die Frage: Wie werden andere Menschen empfinden? Wie werden sie mit diesem Stoff umgehen? Eine Freundin hat hineingespürt in die ersten Texte. Sie war berührt und meinte, dass das etwas für ihren Vater wäre. Sie würde ihm wünschen, so etwas zu lesen.
Tränen eines Kindes und einer Frau waren auch schon ans Licht gekommen. Ein sehr tiefes inneres Fühlen liess mich erkennen, dass sich zuerst die ungeweinten Tränen der Männer zeigen.

MÄNNER TRÄNEN sind es, die das erste Buch über Tränen ins Fliessen bringen. Die sich in einem Feld aus Licht und Liebe öffnen dürfen. Einem Feld, das sich in meinem Herzen angekündigt hat über lange Zeiten und das jetzt die Erde berühren darf. Einem Feld, das sich jetzt zeigen und erscheinen darf zum Wohle aller Menschen.

Wieder einmal stelle ich fest, dass Führung die Schritte lenkt. Dass Führung das Zepter übernimmt. Und ich gehe mit. Mit dieser Berührung, dieser Idee, die WACHSEN UND WERDEN WILL. Ich lasse mich ein. Mein Vater kommt herein. Meine Großväter. Mein Sohn. Ein Lehrer. Der Vater meiner ersten Kinder. Tiefe kommt. So eine tiefe Tiefe. Ich lasse geschehen, was geschehen will.

Hab mich dieser Führung anvertraut. Der Tiefe dieser Führung. Mir begegnen Welten, die ich so noch nicht wahrnehmen durfte. Das Licht fällt auf diese Bewegungen. Auf dieses Eintauchen in die Lebensfelder der Männer und immer wieder geschieht es, dass sich immenses Staunen ausbreitet. Über die Einblicke auf diese Art und Weise. Schon ganz am Anfang war es so intensiv.

Die Energien, die sich hier so fliessend gestalten, bringen soviel Segen und Liebe mit. Mein Herz ist immer wieder zutiefst berührt.

MEIN HERZ SIEHT.

Es sieht hier und jetzt auf Menschen, mit denen ich in meinem Leben sehr viel erlebt und erfahren habe. Mit diesen Männern, die verschiedene "Rollen" in meinem Leben inne hatten, bin ich teilweise lange Wegstrecken gegangen. Ich sehe sie jetzt auf *diese Weise* und das ist manchmal erschütternd. Erschütternd, weil DIESE ART ZU SEHEN Wellen an Energie bewegt, die alle Felder berührt. Erschütternd, weil die Tiefe ihrer Wunden und Schmerzen wieder Wunden und Schmerzen erschaffen hat.

ERSCHÜTTERUNG...SEELEN SICHT ERSCHEINT. STARK KRAFTVOLL REIN KLAR WEISE...VOLLER LIEBE ANNAHME UND SEGEN

DANKE
DANKE
DANKE

Ein Danke, das mich weiterführt. Mich weiter trägt. Das mir erlaubt mein Herz auszudehnen. Mir wird erlaubt Männern auf dem Seelengrund zu begegnen.

Der Grund ist es, der sich offenbart und hier auf dem Grund spricht die Liebe. Die Liebe, die alles erscheinen lässt ohne zu werten. Ohne zu trennen. Die Liebe, die das Haus des einen Vaters und der einen Mutter – der Quelle – auf der Erde erscheinen lässt.

Der Grund ist es, der die Heilung in sich trägt. Die Heilung tiefster Wunden im Menschsein beginnt mit der Wahrnehmung dieser Wunden. Dem "da sein lassen" dieser Wunden. Jeder

Mensch, ob Mann, ob Frau kann diesem Heilsein zustimmen.

Nun dürfen wir erwachen. Unsere eigenen Herzen erwecken.

Die Kraft unseres eigenen Herzens befreien und die eigene Liebe wieder fühlen! In der neu gewonnenen Selbstliebe wachsen und gedeihen. Die Liebe der eigenen Seele annehmen, die Liebe des Lebens...

LEBEN IST LIEBE.

Die Reise hat mich hierher geführt. Die traurigen Tränen eines Freundes, die ersten Texte, eine weibliche Berührung. Mein Offen sein für die Führung und ihre Impulse haben mich an diesen Ort gebracht.

An einen Ort, an dem scheinbar viele Fäden zusammenfliessen. An dem sich vieles öffnet und zeigt. Ein Ort, von dem aus die weitere Reise durch weitere Landschaften von MÄNNERTRÄNEN führt.

Der Ort, an dem ich bin, ist einerseits voller Licht und Freude. Andererseits finde ich hier auch Ängste, ja Zweifel. Ich spüre wie weit ich mich bereits eingelassen habe und wie weit ich mich noch einlassen werde. Die Intimität dessen erscheint mir noch größer, ja auch kraftvoller zu sein. An diesem Ort zu sein geht mir nah, sehr nah. Jetzt geht es darum, mich selbst noch mehr hier ankommen zu lassen. Ich werde diese Reise leben. Sie fortsetzen. Das ist meine Wahl. Aus freiem Willen...

BEWUSSTSEINSRÄUME - MÄNNERTRÄNEN - öffnen sich weiter.

Ich höre die Männertränen bereits, die aus den Tiefen auftauchen. Sie sind bereit Stimme zu bekommen.

STILLE

TOTE TRÄNEN

Er ist schwer. So schwer in sich. Alte uralte Lasten erdrücken seine Kraft. Die er bräuchte um zu gehen. Seinen Weg zu gehen. In ihm tiefe Leidenschaften sich regen, sich bewegen und doch keine Schritte möglich. Stolz ihn an sich selbst kettet. Wut seine Mutlosigkeit übertönt. Auf der Flucht sein und doch ständig gefangen. Kein Ebenbild, indem er sich erkennt. Indem er sich bestätigt fühlt. Sehr sehr allein in dieser Welt.

VERLOREN WIRD ZU NEU GEBOREN

Oft sperrt er sich ein. In sich selbst. Da wo ihn niemand erreicht. Er selbst nimmt diesen Mechanismus kaum wahr. Er ist unzugänglich, hart und verschlossen. Leidet vor sich hin ohne wahrzunehmen, dass er es ist, der sich verschliesst. So als hätte er nichts anderes gelernt, wiederholt er das immer wieder im Zusammenleben mit den Menschen, die ihm nah sind. Was zu sehr viel Streit, Aggression und Lieblosigkeit führt.
Ein altes Schloss sein Herz versperrt. Er steht vor diesem seinem Herz und kann nicht hinein. Und er kann nicht heraus. Verzweiflung macht sich breit. Dehnt sich aus und überschwemmt ihn immer wieder.

Sein Gemüt so tief verletzt vom Nichtwissen wie er sich öffnen soll. Die Kraft in ihm, sein Antrieb dennoch stark. Doch nicht gerichtet auf ein Ziel, das sein Herz bestimmt. Sein Herz ihm benennt. Sein Herz kennt.

So lebt er Tag für Tag. Und er tut soviel und noch mehr. Sein Leben bringt ihm schon ganz jung soviel Verantwortung für Frau und Kind. Bald eine Familie sein täglich Gebot. Er selbst noch nicht erwachsen. Ein kämpfender Bursche noch und doch Mann, Ehemann und Vater.

Immer wieder verwischt sich die Sicht. Immer wieder überschwemmt altes abgestandenes Wasser seine Seele. Und sein Geist findet keine Ruhe. Keinen Anker. Keinen Halt. Tiefe weite Ängste lodern in ihm und er meint nicht entkommen zu können. Niemand da, dem er sich anvertrauen könnte. Er weiß gar nicht, dass er eine Wahl hat. Allein mit einem inneren Teufel, den er nicht erkennen kann, den er nicht benennen kann, gerät er immer wieder in dieselben Kreisläufe, die ihn überfluten. Dann ist er blind und taub und er weiß nicht, was er wirklich tut.

Altes
altes
altes

Leid in ihm sich verströmt. Ihn betäubt und einfach ausblendet, was gesehen werden will. Verstörtheit, die er versucht zu unterdrücken. Gefühle tot und dennoch leben sie.

Tote Tränen wollen sich hier zeigen. Sie wollen hier erscheinen. Und allein schon dass sie benannt sind, allein schon, dass da jemand ist, der sie da sein lässt, verändert. Auch wenn der Mann schon lange nicht mehr lebt, so ist seine Geschichte, sind seine toten Tränen so wichtig. So wichtig für verborgene nicht gern erwähnte Landschaften des Lebens. Landschaften des Lebens, die zutiefst bewertet und weggestossen werden.

Landschaften des Lebens, die sosehr nach Erlösung streben.

Tote Tränen bringt dieser Mann als Gut hier und jetzt ein. Als Geschenk ans Leben. An alle Menschen. Als Geschenk an die, die nach ihm kommen und die, die vor ihm da waren. Sein Herz trug Trauer während seines irdischen Lebens. Jene Trauer, die der Tod hinterlässt. Trauer, die den Tod festhält. Ihn an sich bindet. Trauer, die den Tod immer bei sich hat. Am Leben und gleichzeitig tot. Tot durch Traumen, die wie Pfähle in sein

Unbewusstes getrieben waren. Es erscheinen wilde Bilder von Folter und Verrat. Von vermessener Lust an Gewalt und uralte Bilder von menschlicher Verderbtheit, die ihren Grund und Boden in einer absurden Art von Verbundenheit zwischen Opfer und Täter erscheinen lässt. Und obwohl diese Energien heute noch überall auf der Erde und unter den Menschen in vielfältigstem Ausdruck ausgelebt werden, reagieren die meisten mit vollkommenem Abscheu und einem totalen Angewidert sein auf die vorhergehenden Worte und Energien.

Traumen lagern in den Feldern des Unbewussten. Sie lagern auch in Feldern des Bewusstseins, die sehrwohl einsehbar und offensichtlich sind. Sie treiben ihr Unwesen in so unglaublich vielen verschiedenen Kleidern und es ist als wären alle blind und taub. Ja wie tot.

Und erst wenn Akte der Gewalt wie Attentate, die einer oder nur wenige ausführen, Aktionen von Heckenschützen, Kindesmissbrauch und Misshandlungen im Außen erscheinen, regen sich die Menschen wie eine große Woge. Eine tiefe weite Welle des Abscheus und der Bewertung bricht hervor. Und der oder die – die Täter - sie werden in Gedanken und Worten getötet, von denen, die sich als ihre Richter erheben.

*Hier wird nach einer Pause von einigen Wochen weitergeschrieben. Die ungeweinten Tränen brachten kein Wort mehr hervor. Sie waren scheinbar reglos. Für die Schreibende jedoch spürbar. Sprechen wollen sie erst jetzt wieder. Eine Flut an Tränen kommt tief aus ihr, der Schreibenden, während der letzte Absatz Gestalt annimmt.

Die toten Tränen sind die Tränen ihres Vaters.
Die toten Tränen sind die Tränen meines Vaters.

Mein Vater ist jemand, den ich nie wirklich gekannt habe. Er war ein Mensch, der mich furchtbar eingeschüchtert hat. Ein Mensch, vor dem ich mich immer gefürchtet habe. Die Furcht, so empfinde ich das jetzt, war immer gleich unter meiner Haut.

Seelisch, geistig, körperlich missbraucht werden...Als ich über 30 Jahre war, begann ich mit Selbsterfahrung und viele Erinnerungen kamen zurück in mein Bewusstsein. Gleichzeitig begann meine Heilung. Heute kann ich die toten Tränen meines Vaters da sein lassen.

Ich habe keine Angst mehr vor unserer Geschichte.

Vor mir, vor ihm. Ich fühle seine tiefen Ängste. Seine unglaubliche Resignation und seine depressiven Anwandlungen, die ihn niederdrückten. Seine Schwere, die er kaum tragen konnte und die ihm den Atem nahm. Seinen wahren Atem. Ich weiß nichts über seine Geschichte. Seine Kindheit. Außer dass er nach zwei Töchtern der Sohn war. Es gab nur ein Bild von ihm und da trug er ein Mädchenkleid, Mädchenschuhe und Spangen in seinen lockigen Haaren, die ihm auf die Schultern fielen. Ich weiß nichts über seine Kindheit. So gut wie nichts über seine Eltern, meine Großeltern. Ich habe nur ganz wenige Erinnerungen an meine eigene Kindheit. Als ich Menschen kennenlernte, die sich selbst soweit an sich als Kind zurückerinnern konnten, ging mir das sehr nah. In meinem Leben fehlte ich mir als Kind.

Jetzt bin ich dankbar. Dankbar dafür dass alles da sein kann.

Die toten Tränen stehen Spalier wie Soldaten. Sie stehen da stocksteif und sie schauen aus, als würden sie Uniform tragen. Sie funktionieren auf Befehl. Sie bewegen sich wie Marionetten von hier nach da. Sie sprechen, wenn sie sprechen sollen. Sie machen alles, was von ihnen verlangt wird. Wer beherrscht die toten Tränen? Was ist es, das diese Tränen in solchen Bildern erscheinen lässt?

Sanft und sachte bewegen sich die Schleier zwischen den Welten. Sovieles nehmen wir nicht wirklich wahr. Sovieles entgeht und entgleitet der Wahrnehmung. Soviel Schwere legt sich oft auf das Leben. Wie ein Leichentuch bedeckt es den lebendigen Menschen.

Mein Vater wurde mit 18 Jahren zum Vater. Ich kam als seine erste Tochter. Und während ich dies schreibe, tauchen Bilder auf. Bilder, die mir erzählen, dass er etwas erlebt hat, das er nie überwunden hat. Dieses Gefühl hatte ich schon öfter und ich lasse das jetzt ganz bewusst da. Ich lasse es hier in diesem Raum – diesem Bewusstseinsraum – einfach da. Und während dies geschieht, hole ich die Wortkraft Verdrängung ins Feld der Wahrnehmung.

Verdrängung Verleugnung Verrat....
Wörter, die sich aneinanderreihen und sofort trennt sich die Menschenwelt in gut und böse. Stillschweigend haben wir Ideale, Ideologien und Werte übernommen, die uns – die Menschheit – in Gute oder Böse einteilt. Auch wenn vieles so scheint als wären wir so frei, fällt den Sehenden auf, dass die alten Strukturen und Vorstellungen unter neuen Kleidern weiter wirken.

Gut und böse...die toten Tränen sind so müde. Sie haben solange gekämpft darum, anerkannt und gesehen zu werden.

Sie haben solange gekämpft darum, leben zu dürfen. Sie haben solange geweint, ohne zu fühlen bis sie tot waren. Ihr Tod entstanden durch die Nichtannahme von tiefer Trauer. Tiefster Traurigkeit. Unter dieser Trauer entsetzliche Lieblosigkeit, die sich tief ins Herz gegraben hat.
Dieser Mann, mein Vater trug soviel Unterdrückung mit sich herum. Und er wusste nicht wie er mit der daraus entstandenen Lieblosigkeit umgehen sollte. Er wusste überhaupt nicht wie er mit Gefühlen umgehen sollte. Vieles was in ihm wirkte, konnte er gar nicht wirklich wahrnehmen. Gar nicht wirklich spüren. Er konnte sich und das seine nicht fühlen, geschweige denn benennen. Er konnte sich nicht ausdrücken, konnte nicht kommunizieren über sich und sein Innerstes. Laut wurde er. Hart. Verbissen. Und er schlug zu. Sein Gürtel...er zog ihn aus den Schlaufen und liess ihn dann niedersausen auf die Kinderkörper. Ich hab mich angepieselt...Er schlug auch seine Frau. Immer wieder. Er verbreitete Angst, sehr viel Angst. Und er hatte Angst. Enorme erstickende Angst. Niemand hat das erkannt. Hinter all seinen Aggressionen, seiner blinden Wut,

seinem Suchtverhalten hat ihn die Angst gefangen gehalten. Tot gehalten. Angst = Tod. So fühlt es sich an. Teile seiner selbst, seines Lebens tot. Ungesehen. Nicht mal bemerkt....

Die toten Tränen sind müde. Sie haben aufgehört zu kämpfen. Sie sinken nun nieder auf die Erde. Sie berühren die Erde und die Erde lässt sie da sein. Die Erde bewertet die toten Tränen nicht.
Die Erde und die toten Tränen! Tiefe Stille breitet sich aus. Stille, die alles einfach da sein lässt.

Die allem einfach Raum gibt. Dieser Mann und seine Geschichte brauchen Raum. Ja Annahme und da sein dürfen. Er ist tot. Nach einer Krebserkrankung schon mit 44 Jahren gestorben. Er hat vieles hinterlassen, was nicht einfach war. Das Familiensystem wirkte weiter...und nun da das Licht die Erde und die Menschen mehr berührt als je zuvor, darf das Erbe derer vor uns von uns angenommen und gewandelt werden. Botschaften wollen uns erreichen, wollen sich uns mitteilen. Damit wir unser eigenes Leben und das Leben aller auf neue Weise gestalten und mitgestalten können.
Die toten Tränen sprechen.

Sie nehmen mit und öffnen Bereiche des Lebens, die Menschen nicht wahrhaben und nicht wahrnehmen wollen. Sie zeigen wieviel ständig verdrängt wird. Wieviel ununterbrochen geschehen kann, weil immer noch die Trennungen gut und schlecht, richtig und falsch usw. aufrechterhalten werden. Diese gewaltigen, enorm wertenden, urteilenden Prägungen sorgen dafür, dass das, um was es geht, nicht wirklich ins Bewusstsein kommt.

Der Grund, die Ursache ist es, die gesehen werden will.

Wie was zusammenhängt und wie es entsteht möchte sich zeigen. Soviele Strategien der Verschleierung im Einzelnen, die mit den Masken der gesellschaftlichen Strukturen kollaborieren.

Tote Tränen liegen im Dreck,

im Schmutz der menschlichen Schlachtfelder. Hier sind nicht nur die Schlachtfelder der unzähligen Kriege gemeint. Nein. Sondern jene Schlachtfelder, die die Menschen erschaffen haben ohne sie als Schlachtfeld zu erkennen.
Schlachtfelder, die Hierarchien aufrechterhalten. Die unterdrücken, ausgrenzen und ausbrennen.
Schlachtfelder, die die moderne Sklaverei mit all ihren Erscheinungen ausdrückt. Schlachtfelder, in denen wir tagtäglich leben.
Schlachtfelder, die dazu dienen Macht, Geld, Gier,...zu verherrlichen. Schlachtfelder, die das Leben und seine Natur mißachten. Die das Leben und vorallem das natürliche Herzgefühl unterdrücken, ja regelrecht löschen.

Tote Tränen...Ausbeutung, seelisch geistig körperlicher Missbrauch und Tod erschaffen durch Angst, Macht und Ohnmacht.

Tote Tränen, sie stehen auf. Unzählige taumelnde menschliche Gestalten, dreckverkrustet, beginnen sich zu bewegen. Sie werden mehr und mehr. Von überall her kommen sie. Ausgebeutet, verwundet, beschämt...mit großen Augen, so als würden sie langsam begreifen, was geschehen ist. Tote Tränen. Tränen, die nun endlich aus uralten Räumen der Verdrängung, der Ablehnung und der Täuschung auftauchen dürfen. Tränen, die das Leid, die Gewalt und die Verherrlichung menschlicher Ausbeutung und Selbstausbeutung tragen und zeigen.

Tränen, die nun, da sie wieder zum Leben erwachen, darüber sprechen, was wahres Leben ist. Leben, das geschützt, gehütet und bewahrt sein will. Seele, Geist und Körper wollen wieder eins sein, ja erWACHen.

Die toten Tränen bringen die wahren Geschenke des Lebens zurück ins Bewusstsein.
Sie bringen die Augen zurück ins Bewusstsein, die sehen. Die hinter die Äusserlichkeiten blicken und den Grund und die Ursachen berühren.

Sie bringen die Herzen zurück ins Bewusstsein, die die

Äusserlichkeiten durchschauen, um wieder "Herz verbunden" zu leben...zu handeln.

DEN GRUND UND DIE URSACHEN BERÜHREN...endlich wieder die Kraft aufbringen und den Mut haben ZU SEHEN, ZU FÜHLEN...ALL DIES DA SEIN ZU LASSEN, WAS ABGELEHNT WIRD...DAMIT ES ENDLICH TRANSFORMIERT UND GEHEILT WERDEN KANN.

Tote Tränen sind das Geschenk meines Vaters an mich. An uns alle. Sie erzählen vieles in Worten, Bildern und Einsichten, die sich verströmen.

Sie bringen Licht in Abgründe des Menschseins.
Sie bringen Licht in individuelle und kollektive Abgründe.
Sie bringen Licht in die individuelle Reise der Seele und in die kollektive Reise der einen Seele.

Eines hat er mir immer wieder gezeigt. Seinen Wunsch in Schönheit zu leben. Seinen Wunsch zu lernen. Sich zu bewegen, um Neues tun zu können.
Die zerstörenden Kräfte in ihm konnten von ihm noch nicht gewandelt werden und so kam die Krankheit. In dieser Zeit hat er mir Blumen geschenkt. Blumen, eine seiner Leidenschaften, ja Lieben. Und einmal hat er mich umarmt im Krankenhaus. In einem Zustand, indem sein Herz einen Moment wirklich präsent sein konnte. In einem Moment tiefster Not dieses Heil. Ich danke sosehr dafür.

Herzen pochen in den Körpern. Sie lassen leben. Sie lassen Leben/leben zu. Ob sie jedoch wirklich und wahrhaftig lebendig sind, ist eine andere Geschichte. Zumeist soviele Türen, die verschlossen sind. Zumeist soviel Angst, soviel Angst!

Ich spüre mein Herz und es spricht zu mir von meiner Liebe für meinen Vater. Er, eine individuelle Seele auf ihrem Weg. Ich, eine individuelle Seele auf ihrem Weg.

Jede Seele in ihren individuellen Absichten.

Mögen sich alte Rollenbilder und Vorstellungen lösen. Mögen die alten verschlossenen Ansichten von gut und schlecht ersetzt werden durch SEELEN SICHT.

TOTE TRÄNEN FLIESSEN WÄHREND ER SICH UND SEINE LIEBE GIBT UND NIMMT. HEIMGEGANGEN... DORT EMPFANGEN OHNE URTEIL UND BEWERTUNG. SEELENSICHT, SIE SPRICHT UND OFFENBART. ERWACHEN ERWACHEN ERWACHEN...IN JEDEM HERZ DIESE SAAT IMMERWÄHREND RUFT...ALLES IST GUT

LIEBE

LIEBLOSE TRÄNEN

Sein Segen in großem weitem Ausmass sich verströmen will... Freund der Menschen...in seinem Herzen tief verwurzelt und so stark angelegt die Fürsorge, das Wohlwollen, die Verbindung. Alte, uralte Glut sich durch sein Leben wälzte. Sein Leben bestimmte. Sein Herz verführte. Den Stimmen der Verführung gelauscht und ihnen immer wieder anheim gefallen. Des eigenen Herzens Gut nicht gespürt. Nicht wahrgenommen den Reichtum und die Fülle des Wohlseins. Den Herzensgrund, das Herzfeld nicht erkannt in seiner gedeihenden Kraft. Seiner aufnehmenden, wachsenden und reifenden Gnade. Der eigenen Liebe Grund und Boden entzogen, um im Aussen danach zu suchen. Das eigene Herz verlassen... sich selbst verlassen. Wann kehrt er heim?

ZUHAUSE SEIN ER IST GLÜCKLICH

Soviele warten auf ihn. Überall sind die Menschen bereit, ihn zu sehen, zu hören. Ja viele mögen ihn einfach. Und es ist so, als würde er sein Leben damit verbringen, einfach nicht wahrnehmen zu wollen, dass er geliebt wird. Dass er gesehen wird und dass es schön ist in seiner Gegenwart zu sein. Seine Präsenz von innen her wirkt...ohne dass er jemand Besonderer sein muß.

"Jemand Besonderer sein" trägt viele viele Botschaften in sich und ja, er wollte jemand Besonderer sein. Einfach weil er sein ureigenstes natürliches "Besonders sein" nicht gespürt hat. Sein so natürliches Wesen. Soviele Regeln, Gesetze, Verhaltensweisen in ihm gestapelt. Soviele Erscheinungen des

Lebens, die ihn in den Bann gezogen haben. Ohne dass er sich wirklich darüber bewusst war.

Manneskraft im männlichen Aufstiegsinszenario. Im männlichen Hierarchiegehabe. Aufsteigen wollen und doch nie wirklich eine große Nummer, ein großer Mann sein. Sich selbst aufopfern, sich selbst zur Schlachtbank führen aus einem uralten Antrieb heraus. Kaum Zeit. Nie genug. Und weiter und weiter dreht sich der Roulettisch. Der Riesengewinn bleibt aus, weil die Kugel nie da ist, wo der Gewinn ist. Der Einsatz hoch. Unbewusst.

Unbewusst
unbewusst
unbewusst

entwickeln und entfalten sich Wesenszüge, die ihn von sich und seinem Herzen wegführen. Die ihn von der tiefen Verbindung zum eigenen Menschsein entfernen. Die ihm das eigene Herz verwehren. Die Natur des Lebens weicht mehr und mehr einem Gebäude, das aus wenn und aber, müssen und sollen, aus Haben und Nichthaben, aus Guthaben und Minus besteht. Alles wird bestimmt von uralten Strukturen der männlichen Werte-, Handels- und Spiritgesellschaft. Und deren vermeintlichem Gutmensch sein. Soviele Ideale wie was gehört und sein muß. Wie und was einen weiter bringt. Soviel Können. Soviele Handlungen. Enorm die Suche. So stark, so treibend und gleichzeitig nicht wissen, was ein Kilo Brot kostet.

Tiefe Beschämung ihm den Kontakt zum eigenen Körper verwehrt. Ihm das Gefühl gibt, nicht in seiner körperlichen und sexuellen Fülle leben zu können. Bestimmt von dunklen schweren männlichen Gedanken und Gefühlen einerseits abgestoßen sein und andererseits immer wieder im Sog der eigenen Verworrenheit untergehen. Sich selbst nicht spüren. Funktionieren, nicht funktionieren, werten, verweigern, haben wollen,...Gier und Neid...Herz schwer und einsam...

Einsam
einsam
einsam

verbringt er sein Leben. Einsam und keine Ahnung davon haben, in was er da dahintreibt. Verloren ...was verloren?
Lieblose Tränen machen heftigen Krawall. Stampfen auf und schlagen gegen die Wand. Sie sind eingesperrt und wollen endlich heraus. Heraus aus diesen alten lieblosen Mauern, die er um sich erbaut hat, damit ihn keiner sieht. Damit keiner wirklich mit ihm, mit seiner wahren Natur in Kontakt kommt.

Natur
Natur
Natur

so nah so nah so nah...Ja so nah und intim leben können und es gleichzeitig nicht können aus Angst. Aus einer unglaublichen tiefen Angst vor Auflösung, vor Erlösung. In vielen Leben den Weg der Erlösung angestrebt und doch immer kurz davor diese überwältigende Angst der Auflösung nicht ausgehalten. Den letzten Halt nicht aufgeben können...unergründliche Tiefe, die ihn auffordert zu sinken, loszulassen, aufzugeben. Er, er weiß darum. Tief drin weiß er darum. Er hat es schon "gesehen". Ja und so klammerte und klammert er sich an vieles, was ihm sagt, dass es auf diese oder jene Weise gelingen könnte. Damit er diesmal, in diesem Leben, endlich dieses Ziel erreichen kann.

Erreichen
erreichen
erreichen

bestimmt ihn noch. Bestimmt viele seiner Entscheidungen. Viele seiner Wege.

Wenig Raum für freigelassene Schritte. Schritte, die ziellos und leer sind in ihrem einfachen SoSein.

Die nichts wollen. Nichts haben wollen. Schritte, die sich einfach leben, zeigen und entfalten während sie gegangen werden. Während sie sich wieder verlieren. Schritte, die das Gewebe des Lebens auf der Erde gestalten und gleichzeitig im Himmel wohnen.

Lieblose Tränen...noch farblos, essenzlos. Trostlos. Ungetröstet. Haltlos. Verborgen hinter alten Mauern. Mauern, die ihm Bewusstsein ihren Platz haben und erst noch enttarnt und wahrgenommen werden wollen.

Das einfache Menschsein in seinem verletzt und entwürdigt sein möchte endlich weiter Raum, ja Platz haben.

Oh so rufen die Meister, die Engel, die eigene innere Führung... oh du törichtes Kind des einen Vaters, der einen Mutter...oh heile deine Wunden. Heile die Wunden, die entstanden sind aus Unverständnis und Lieblosigkeit. Wisse die Gesichter der Liebe möchten sich dir in ihrem wahren Sein zeigen. Damit du nicht immer immer weiter die Suche nach Glück und Freude erschaffen mußt. Damit du nicht immer wieder eine Art Gefäss oder Gefährt suchst, das dich vermeintlich ans Ziel bringt.

Lieblose Tränen...Vollkommen ermattet liegen sie in den Räumen des Herzens. In den Räumen seiner Gedankenwelten. In den Räumen seiner Gefühlswelten. Eine starke Energie. Die lieblosen Tränen wirken im Leben dieses Mannes. Und so hört er die Kinder nicht schreien, die Frauen und Männer. Er spürt Teile des Lebens nicht. Teile, die ihm seine innersten Lebensängste spiegeln würden.

Teile, die er braucht, damit er die Verbindung zur Materie auf dem Grund des Herzens wiederherstellen kann. Um endlich die Weite und Ausgedehntheit der raumlosen Welt, der Leere und des Nichts wahrhaftig betreten zu können.

Seine lieblosen Tränen! Jetzt kommt er, der Mann, im Geiste auf mich zu. Er überreicht mir eine Rose. Und setzt sich neben mich. Seine lieblosen Tränen sind stärker als je zuvor und während sie da sein dürfen, beginnt ein Wandel.
Er ist da. Ja wirklich da. Und er will DASEIN. Mit allem. Auch mit seinen Schreien, die solange in ihm eingesperrt sind. Schreien, die um Luft und Leben ringen. Schreien, die seinen tiefsten

ältesten Schmerz endlich entblössen! Auf dass er aus der Dunkelheit ans Licht gelangen kann.

Lieblose Tränen beginnen zu fliessen in seinem Innersten. Räume öffnen sich, vor denen er soviel Angst hat. Räume, in denen sein innerstes Kind, der kleine Junge lebt und nicht weiß, wie er sich Raum verschaffen soll. Wie er in all den Umständen Platz haben kann für sein eigenes Wesen.

Ja hier ist ein Mann in seinen Feldern präsent, der sein eigenes Wesen - seine reine klare unschuldige Kraft – jetzt erst kennenlernt.

Soviel Vertrauen ist in seiner Kindheit zerronnen. Soviel Liebe lieblos geworden, weil sie keine Annahme, keine Aufnahme und keinen Spirit empfangen hat.
Der kleine Junge und der erwachsene Mann, sie berühren sich nun! Bewusst klar rein weich sanft empfangen sie einander. Nehmen sie sich gegenseitig wahr…alles ist gut. Endlich ist alles gut.

Liebe
Liebe
Liebe

Liebe braucht die geistigen Komponenten. Die geistige Nahrung.
Liebe braucht die seelischen Komponenten. Die seelische Nahrung.
Liebe braucht die körperlichen Komponenten. Die körperliche Nahrung.

Die lebendige Entfaltung von Liebe in der Materie, von Dasein, von Gewahrsein… von Aufnahme und Annahme… Bewusstseinsfelder ungeahnten Ausmasses. In ihm und durch ihn kann eine neue Art irdischer Anwesenheit seinen schöpferischen Ausdruck finden…in ihm und durch ihn kann sich das wahre Wesen der Liebe eröffnen und liebkosend die Sanftheit des weisen Herzens verströmen…

Lichtfelder
Lichtfelder
Lichtfelder
So sanft, sanftmütig der Mann im Anblick des Berges Fuji...eine alte Erinnerung, die hier ihr Licht hereinlässt, um den Boden, die Erde zu berühren im Gewahrsein des Himmels, der sich immerwährend verschenkt...so angekommen und gegenwärtig
Geist...Seele...Lächeln...

Die lieblosen Tränen sind nun viel ruhiger geworden. Sie fühlen sich wahrgenomen. Ihre Ausdrucksformen... Härte, Kampfbereitschaft, Resignation, Suche, Verletztheit,...

....nicht aufhören können....

...ungeheure Potentiale an ungezähmter, ungezügelter Kraft – die Natur von Lieblosigkeit – zeigen sich wieder und wieder. Immer tiefer geht es bis alles erkannt und integriert ist.
Was ist schon Liebe ohne dass die eigene Lieblosigkeit erkannt und angenommen ist! Ein unechtes Gebilde! Ein steter Kampf zwischen den Polen.

Möge es diesem Mann in seinem Herzen gelingen Liebe und Lieblosigkeit zu EINEN. Möge er in sich die tiefsten Ängste aufspüren, ja aufsuchen und sie ans Licht führen. Auf diese Weise kann er den wahren Grund und Boden der Existenz betreten. Auf der Erde zu Hause sein und doch im Himmel wohnen – NIRVANA.
Er kann seine naturgemäße Autorität, seine wahre Souveränität zum Schutze und zum Wohle aller Wesen einbringen und Führung sein für viele, die endlich die Suche aufgeben.

LIEBLOSE TRÄNEN FLIESSEN WÄHREND ER SICH UND SEINE LIEBE GIBT. ALLES UMARMT VERSINKT ER IN DER EINEN UMARMUNG. VOLLKOMMEN FREI. SEIN HERZ ZUHAUSE...DAS FREIE KIND SEINE LIEDER SINGT.

TRÄNE

STUMME TRÄNEN

Sein Gewand lang und edel...einem König gleich trägt er es durchs Leben...für ihn, den Mann nicht wahrnehmbar die Insignien seines wahren Reiches. Seines wahren Lebens, das ganz tief unter all dem gelebten Leben in seinem innersten Herzen pocht. Ja thront, um zu erwachen. Ein Reich aus edelsten Palästen, aus fruchtbarsten Ländereien. Aus schönsten weitesten Gefilden die Unsterblichkeit der Menschenwürde hervorzuscheinen beginnt! Eines Tages ein Ton erklingt. Ein Ton, der hineindringt in sein wahres Leben und endlich endlich all die Äusserlichkeiten schwinden, ja zerfliessen im Wind. Der Klang weit und weiter eindringt. Endlich ein Weg erscheint in das Reich seines Herzens. In die tiefen Landschaften der Wahrheit seiner Seele. Seele Seele Seele...Der Mann erwacht...und ja er hat ein volles Herz mitgebracht. Eine Liebe voller Sonnenschein und das Lächeln seiner Augen sind ihm gegeben. Er trägt nun sein Gewand...das Königsgewand des Hier und Jetzt ...

DAS GEWAND DER ANKUNFT

Vor langen langen Zeiten begann das, was nun enden will. Zeitspannen und ihre Geschichten erscheinen. Immer wieder stehen sie auf in ihren unzähligen Sprachen. Unerschütterlich bleibt er der Geschichte treu. Den Jahreszahlen. Den Zusammenhängen. Den Erscheinungen. Den alten Sprachen. Auf diese Weise wird er selbst Teil der Geschichte. Ohne dass er es weiß, hat er sich in den Zeiten und Gezeiten verloren.

Seinen innersten Kompass verstellt für die Menschenwelt.

Das Land der Seele, seine Heimat trägt die wahren Ausrichtungen, die wahren Berührungen und obwohl er Momente erlebt, in denen er sich selbst erahnt, schliesst er immer wieder die Tür. Die Tür zum Leben.

Einst wollte er die Welt erobern im Sturm. Mit der Kraft der Forscher und Pioniere hat er das Leben betreten dieses Mal. Gesegnet mit tiefer, weiter Inbrunst, mit stiller Weite hat er bei seiner Geburt alles umfasst, was ihn umgab. Sein Licht und sein Segen schimmerte hinein in die Stuben und Räume. Liess das Dunkel der Vergangenheit für Momente vergehen.

Stark und kraftvoll berührte er die Eltern. Die Welt, in die er hineingeboren war. Doch nur selten erhielt er Resonanz auf sein Scheinen, sein Erscheinen. Und da er die Geschichte mitbrachte, wurde die Geschichte zu seinem Leben. Hier fand er die Freiheit, die ihm das reale Leben nicht bieten konnte. Hier konnte er sich schon als Kind in weiten Gefilden und Vorstellungen bewegen. Hier konnte er seinen Geist fließen lassen, dahin wohin er wollte. Und so war er Teil der Geschichte ohne dass er je wusste warum und weshalb. Vieles, sovieles blieb ihm verborgen, da er nicht erkannt war als der, der er ist. Sich selbst hat er deshalb nicht vermisst.

Nie ein Spiegel seinesgleichen erschien. Nie ein Spiegel seines Innersten hervortrat. Nie ein Herz, das seinen Ton erkannt, weil es denselben trug. Sternensaat erschienen auf der Erde.

Unbekannt dem Wesen Mensch seine wahre Heimat. Seine Seele in alten Gewölken liegt. Da wo er sie vergessen hat.
Seine Strukturen halten ihn klar und deutlich ausgerichtet. Alles ist geplant und sinnvoll. Alles hat Hand und Fuß. Alles so passend. Ein Leben wie im Bilderbuch. Erschaffen Ruhm und Ehre. Edel und hehr in der Menschenwelt sein Platz. Leistung folgt auf Leistung. Seine Rollen perfekt wie Maßanzüge.
Während all die Perfektion erscheint, öffnen sich Bilderwelten

und er, er scheint gefangen in einem Raum, der sich ausschließlich nach oben öffnet. Spärlich dringt das Licht des Tages zu ihm hinab. Ein Strick, der zu ihm hinuntergelassen ward, umklammert von seinen Händen, das einzig Sichtbare Menschliche im Raum. Schreie ertönen, ohne dass er die Stimme erhebt. Ohne dass sich sein Mund bewegt. Ohne dass auch nur ein Ton aus ihm herauskommt. Der Mann ist stumm und seine Stummheit lauter als jedes Wort. Tränen fliessen über seine Wangen. Schweigend all dies geschieht. Schweigend all dies in die Welt hinausströmt, ohne dass es bemerkt wird. Er weint aus Angst. Aus Einsamkeit. Aus tiefster Not. Er weint, weil alles verloren scheint. Weil alles scheinbar so endet.

Stumme Tränen kommen hervor und ja sie wollen da sein. Stark und kraftvoll nehmen sie nun den Raum ein. Und es ist als würde das Licht strömen, ja hervorbrechen, sodass es erst einmal richtig blendet. Zuviel auf einmal...zuviel auf einmal für die, die es sehen. Sie schließen die Augen. Der Atem kommt und geht. Vertieft sich ganz in den Körper hinein.

Die stummen Tränen, sie sprechen Licht. Licht entstanden aus Stummheit. Ruhiger und ruhiger der Atem wird und langsam sich die Augen öffnen. Das Licht nun hell, nicht mehr grell. Sanft nun sein Erscheinen und einzig man möchte weinen.

Weinen, denn so schön das Licht. Das weich und sanft spricht in funkelndem Strahlen. In kristallenem klarem weitem Sein.

Die stummen Tränen bringen Bilder mit sich, die das Herz in der tiefsten Tiefe berühren. Sie dringen weit hinter die Perfektion. In das Geregelte. Hinter all die Strukturen, die scheinbar das Leben sichern und erfüllen. Sie dringen ganz ganz tief hinein in die innersten Räume des Herzens. Da wo der Mann sein inneres Kind versteckt hat. Das Kind, das er einmal war. Das Kind, das vom Himmel geträumt hat und das die Pyramiden besteigen wollte, um den Sternen näher zu sein. Das Kind, das den Kosmos und seine Weisheit in sich trägt, um in den Menschen das Staunen über die Schöpfung zu berühren.

Kinder
Kinder
Kinder

... sein Herz es ruft die, die sind wie er. Die, die sind, wie er gern wär. Die alten Kleider gesellschaftlicher Normen und Gewichter haben ihn begraben. So wie die Geschichte, die Zeit die Wahrheit übers Leben. Über den Anbeginn, das Wachsen und Werden, die Ankunft. Jetzt die Saat des Christus sich rührt durch alle Zeiten und Gezeiten hindurch. Durch alle Schichten und Frequenzen der Schöpfung.

Er hat sein Herz verloren. Ja zurückgelassen. Seinen Wunsch zu lieben. Zu lieben so wie nur er es kann. Immer schon in seinen Räumen die Kraft der Liebesmacht. Die Kraft, die Mann und Frau sein schafft. Die Kraft, die die Tiefe der Liebe entfacht in der Hingabe an das Sein im Herzen. An das EINE SEIN – Mann und Frau eins, verschmelzend im geistigen Herzen den Himmel betretend, ja schauend...in sich selbst... im innersten Gewahrsein.

Sprachlos all der Schmerz in ihm. All die Trauer über den Verlust. Den Verlust seiner Liebe. Seiner Hingabe. Seinem Suchen, in dem das Finden sosehr enttäuscht wurde. Kälte alte Kälte, die in Frauen kriecht sich an sein Herz gelehnt. Sich in sein Herz geschlichen. Da wo er allein als Kind, als Mann zurückgeblieben. Kälte alte Kälte, die in Männern kriecht sich an sein Herz gelehnt. Sich in sein Herz geschlichen, da wo er allein als Kind, als Mann zurückgeblieben.

Mannestränen in der Stummheit verschwunden. Mannestränen im Schmerz verstummt. Mannestränen sein Geschlecht verbergen, auf dass es nicht entzündet all sein Licht. Mannestränen sein Herz im Zaumzeug halten, auf dass es ja nicht ausbricht.

Ausbrechen
Ausbrechen
Ausbrechen ...

welch Verlust in allem lebt. Welch Wunder! EINE TRÄNE wird ihm überreicht von der einen, die um ihn weiß. Auf ihrer Seele Geheiß übergibt sie ihm diese Träne, die sie um ihn geweint. Junge Tränen, jungfräulich weites, reines Herz sie schenkt die eine...auf dass er endlich weine...

Weinen
weinen
weinen ...
weinen und wissen, dass das Herz nun heil die Liebe HÖRT – endlich das Herz es spricht...

Stumme Tränen, die geweint nun einen. Einen alt und neu. Licht und Dunkel. Anbeginn und Ankunft. Verlust und Gewinn. Mann und Kind. Frau und Kind. Mann und Frau. Die Geschichte und all die Zeit darf nun gehen. Im Hier und Jetzt die Rollen entlassen und nicht mehr für alle passen. Die stummen Tränen nun befreit, zeigen die wahren Wege. Seine Wege, die ihm der Kosmos schon in die Wiege legte. Die in ihm wie eine Landkarte aufgezeichnet sind. Er allein entscheidet nun, ob er der König dieses seines Reiches sein will. Ob er sein wahres Land, sein wahres Reich kennenlernen will. Ja und er, er entscheidet auch, ob er wissen will wie es ist König zu sein – ohne Rollen.

König sein, sich selbst all die Lebenslügen verzeihen.
Alle Rollen enttarnen. Durch sie hindurch sehen auf den Grund und Boden des Lebens. Den wahren Grund und Boden des Lebens endlich hereinholen. Ihn endlich mit blossen Füßen betreten und spüren wie die Kraft durch die Füße und Beine hinauffliesst ins Becken...ja weiter hinauf ins Herz...und hinauf hinauf zu den Sternen am Firmament. Endlich wieder fühlen dass der Himmel mehr ist als Himmel. Die Heimat fühlen, die Herkunft in dem Wissen ein Lichtwesen in Menschengestalt zu sein.
So verbohrt der Halt noch in alten Systemen des Lebens. Obwohl das Zuhause – die eigene Seele – alle Tore offen hält. Noch soviel Angst und Versteckt sein in ihm, ohne dass er darum wirklich weiß. Mauern aus Gewohnheit und nichts anderes kennen...obwohl das Unbekannte da und ständig sagt ja. Noch immer Fussfesseln tragen. Fussfesseln der

gesellschaftlichen Werte und Normen. Eine tiefe, alte Ablehnung empfinden in Momenten des Alleinseins...schmerzhaft tief und weit. Die Ablehnung des eigenen Wesens, das sich hin und wieder rührt und sich bewegen will. Die Kraft nicht haben ALLEIN ZU SEIN. Die Kraft nicht haben nur mit sich selbst zu sein. Die Kraft nicht haben, sich selbst zu hören.
Stumm geworden die innere Sprache. Stumm geworden der Ausdruck der Seelenführung. Stumm geworden des Mannes Kraft, die seine Liebe entfacht. Die Liebe für sich selbst und das freie Sein...

Stumme Tränen sie wollen ihm seine Liebe zeigen.
Seinen freien Geist.
Sein freies Sinnen und Leben.
Wird er sich die Erlaubnis geben, sich selbst zu er HÖREN? Er kennt den Weg und er kann ihn gehen.
Wird er die menschlichen Zügel ablegen und die göttliche Führung annehmen?

Vor langer Zeit schon da sein Wille, sein Weg. Hier am Ende der Zeit – am Anfang der neuen Zeit - wird er von sich selbst geprüft. Diese Prüfung ist es, die ihn dieses Leben leben lässt. Er ist der Einzige, der diese Prüfung erkennen kann und der Einzige, der sie annehmen kann, um zu bestehen. Sturmfluten die Wellen hoch und höher werden lassen. An den Klippen zerschellt so manches zusammengezimmerte Leben. Die immensen Kräfte der Illusionen zeigen sich auf erschütternde Weise...Verleugnung und Wissen einander nun berühren...

Eine neue Welt wird gebaut auf neuen Fundamenten...
Segen allen, die sich erheben...

TRÄNEN FLIESSEN WÄHREND ER SEINE LIEBE GIBT UND NIMMT...SEIN HERZ DIE FÜHRUNG ÜBERNIMMT. SEINE FÜSSE NUN SEINE WEGE BESCHREITEN. ER, ER GEHT. KÖNIGREICH HERZ ERBEBT. DES KÖNIGS REICH NUN WIRD WACH...

MUTTER

VERWUNDETE TRÄNEN

Offen sein und doch so allein...so einsam sein inneres Kind, das er einfach nicht mehr will...will groß sein und stolz...will Vater sein und Sohn...will Mann sein und edler Ritter...will will will...lange Tage lange Nächte uralte Lieder uralte Wege, uralte Männer und Frauen...schon lang in vielen Leben das Einsamsein ihm soviel Kraft kostet, soviel Licht verschlingt... einsam sein zu wilden Gestalten geworden, zu Ichenergien, die ihn treiben und treiben und treiben...Ichenergien, die Angst haben und mutlos sind, die ihn schützen wollen und gleichzeitig festhalten...die antreiben, sodass er kaum noch atmen kann...nichts so wichtig wie der Atem, der Odem des Lebens. Endlich darf er sich das Leben geben...wird er es tun... Verwundete Tränen flehen um sein Gehör, um seine eigene Liebe. Die eigene Seele schenkt ihm das Kind, sodass er lebe für sich und alle Welt...sein Licht es fällt nicht mehr...es straht von nun an...

DEIN WILLE GESCHEHE

Offenbarungen warten in denen, die das Leben annehmen.
Offenbarungen warten in denen, die das eigene Ego durchschauen und all seine Tricks und Ticks...
Offenbarungen warten in denen, die sich endlich öffnen fürs Leben.

Heilig viele Momente im Leben dieses Mannes. Und dennoch

nicht erkannt die Kraft dieser immensen Liebe, die ihm immer wieder von seinem höheren Selbst zu Füßen gelegt wird. So unendlich alte Strukturen der Verschleierung sich über ihn senken und ihn dann lenken...und wenn das jetzt auf dem Papier, dann kommt die Gier. Die Gier nach dunkler Macht, die ihm absaugt alle Kraft. Dunkle Macht, die erst erkannt werden darf.

Und hier singen die Engel und Meister und alle Wesenheiten des Lichtes! DENN SIE WISSEN WAS SIE TUN...und ja hier kommt herein, dass jeder solange geht durch seine Pein bis er bereit ist, sich selbst zu verzeihen. Zu vergeben. Bis endlich der uralte Schmerz losgelassen und gewandelt als Atem erscheint, der in jede Zelle dringt. Uralte Pein sich erschließt, um freizugeben die verletzten Tränen. Die vernetzten alten Gestalten der Fron und des Psychoterrors.

Die verwundeten Tränen liegen im eigenen Blut, das er vergossen hat aus Wut und Trotz, aus alter männlicher und weiblicher Gewalt. Sich selbst hat er angetrieben oft weit über Grenzen des Erträglichen hinaus um was zu tun, was nicht zu tun?! Um wem was zu beweisen?!

Weise sein in ihm geborgen.
Weise sein, das Grenzen berührt und erfühlt.
Weise sein, das Grenzen registriert und sich Zeit lässt an die Grenzen zu wachsen, um sie dann leicht und mühelos zu durchschreiten.
Weise sein, das Grenzen wertschätzt, segnet und lernt, den Segen zu empfangen.
Ist der Segen empfangen, die Grenzen schwinden von selbst. Von ganz allein. Denn in ihnen immer das Gut, das sich entfaltet von innen nach außen.
So fern das Gut der Grenzen für so viele. Auch für ihn an manchen Tagen.

Die verwundeten Tränen sprechen über Leben und Tod. Sie sprechen über den Raum dazwischen. Dieser Raum dazwischen ist ein heiliger Raum, ein kostbarer Raum. Ein Raum, indem all

die Liebe des Todes und des Lebens ist. Ein Raum kostbarsten Bewusstseins, der bewusst und wahr aufgesucht werden soll. Ein Raum, der aus der ureigensten Führung heraus betreten werden will, um das Licht der Erkenntnis zu befreien.
Frei und offenen Herzens will dieser Raum da sein für jene, die das Leben und den Tod befreien wollen. Frei und offen will dieser Raum sein für jene, die das Leben annehmen ganz und gar. Für jene, die gewillt sind ihr Ego sterben zu lassen. Der Tod des Egos kann mehrmals geschehen im Leben. Es ist ein Tod, der alles fordert und nichts zurücklässt. Jede Illusion über Wert, Liebe, Macht, ja Ohnmacht, ja Verschleierung in jeder Form stirbt. Dieses Sterben gleicht einem Kampf. Einem Kampf, der jedes Schauspiel menschlicher Inszenierungen aufdeckt, um endlich klar und rein, ja pur zu erscheinen.

Nackt
nackt
nackt ...

nichts was hält. Nichts mehr was sich in irgendeinen Wert kleidet.

Lange schon die Suche dauert. Lange schon die alten Mächte rufen. Ihn in Gefilde führen, die Schein und Schein enthalten. Schein und Schein sie blenden und weil er immer noch sucht, hört er nicht wie lang seine Seele schon ruft. Sie ruft nach ihm, damit er nach Hause kommt. Nach Hause in sein Herz, das alles bereithält um zu heilen, zu verweilen. Um das anzunehmen was längst schon da ist. Was immer schon da war.
Solange sucht er. Solange irrt er herum in allen möglichen Räumen auf dass er vergisst, was wahr ist. Wahr ist das Hier und Jetzt. Die Liebe, die ist. Und die sich erst verströmt, wenn Mann sie lässt. Nichts muss getan werden. Nichts muss erschaffen werden.
Nichts muss zeugen von Männlichkeit und Kraft. Ausser der Liebe, die im Jetzt erwacht. Die erwachen will, damit reine Augen sehen. Reine Ohren hören. Reine Zungen sprechen.

SEELENSPRACHE DURCH IHN FLIESST UND ER ES IST, DER DIESES LIEBEN SPRICHT.

Eingesperrt das kleine Ich um Liebe bettelt. Sosehr nach Liebe fleht. Um gleich darauf in wilden Forderungen zu ersticken, was so schmerzt. Was solang schon so weht tut. Die verletzten Tränen scharf wie Messer schneiden. Scharf brennen auf der Haut. Unter der Haut. Sie brennen im ganzen Körper wie wildes Feuer, das nicht gelöscht werden kann. Sie brennen im Geist, in der Seele...

Alte Glut wälzt sich durch Gedanken und Gefühle...
Das Feuer, es brennt in ihm. Es zehrt an ihm. Die verletzten Tränen können sich nicht bewegen. Sie sitzen wie erstarrt in einem Winkel seines Seins. Sie wollen weder gesehen werden, noch wollen sie angesprochen werden. Sie wollen einfach nichts mehr. Tiefe weite Resignation verströmen sie! Schwer wie Blei bleibt sie am Herzen hängen...

Schwer
schwer
schwer ...

schweres Herz soviel Kummer und Vernachlässigung trägt. Soviel Suche, deren Bedingungen den Körper, den Geist, die Seele überfordern und Spuren hinterlassen... tiefe schmerzende, wehklagende Spuren... deren Hilfeschreie betäubt werden...

Altes Gut, mitgebrachte Himmelsglut, ja das Feuer der Meister und Engelschöre ihm angehört von Anfang an und doch meint er suchen zu müssen, obwohl alles da ist.

Die Resignation ihre dunklen Gestalten freigibt. Gestalten, die ihn hierhin und dorthin zerren. Nichts hält ihn. Nichts von allem was da ist, will er wirklich nehmen. Und so werden die Gestalten wilder und wilder. Grausamer und grausamer. Sein Geist vom Verstand und vom Ego übernommen. Wild prahlt er umher, um dann wieder zu sinken, zu fallen. Jedes mal aufstehen schwerer. Jedes Mal hinsehen schwerer. Jedes Mal aufwachen erniedrigender.

Alle dunklen Gestalten tanzen. Toben wild in giftigem Qualm.

Übertrumpfen sich gegenseitig. Keine wahre Sicht mehr möglich. Keine wahre Berührung. Und hier, hier ist der Mann mit den verwundeten Tränen sich selbst überlassen. Menschliche Hilfe nicht ankommt.

Die geistig seelische Hilfe und Führung immer während präsent.

Der Schutz immer während da, hält ihn in seinen Flügeln. Nichts, nichts wird ihm geschehen. Egal welchen Weg er wählt und wohin er geht.

Tiefe Trauer sein Herz vollkommen umwölkt. Trauer, die den Tod mit sich bringt. Die den Tod wählen will, weil sie glaubt das Leben nicht auszuhalten. Doch auch das wieder Trug, ja Betrug an sich selbst. Das Leben ist ihm gegeben. Es ist ihm zugetan. Es will ihm alles geben. Alles. Kann er es nehmen...sein Leben.

Leben ist. Es ist und es trägt. Auch in Phasen, in denen scheinbar Grund und Boden verschwunden. In denen scheinbar jede Einsicht gewichen, jede Erkenntnis sich zu einer Egowaffe entwickeln kann. Tiefste, weiteste Prozesse, in denen menschliche Züge erscheinen, dunkel und schwer, die gesehen und angenommen erst ihr Potential entfalten können.
Dunkle Räume des Menschseins, des eigenen Menschseins, des kollektiven Menschseins zeigen ihre Schatten. Schatten, die den Menschen verschlingen. Was wird werden, was wird entstehen? Dieser Mann geschwächt und sehr verletzlich den wilden Kräften scheinbar ausgeliefert...SCHEINbar...Gottes Licht in alles leuchtet, in allem ist. Das neue Leben bricht an wie immer...es geschieht.

Wunden aufgebrochen nun der Heilung übergeben.

Welchen Weg die Heilung nimmt, noch nicht entschieden. So ist alles offen. Das Leben sowie der Tod. In beidem ruht die klare Kraft der Liebe. Die Liebe der EINEN KRAFT. Lösung und Erlösung in allem immerwährend IST.

Dunkelheit und Licht verschwimmt. Verschmilzt um Neues zu gebären. Die Macht der Seele sich erhebt. Die wahre Macht, die das Feuer der Liebe entfacht. Transformation – Methamorphose

- Alchemie...ALLES IM FEUER DER LÄUTERUNG. Tief und weit das Pendel schwingt...DIE URSACHE DES LEIDENS ERKENNEN und frei sein von aller Schuld.

Ein Mann geht seinen Weg. Es ist sein Weg. Sein Leben. Er entscheidet. Er wählt. Sein Weg sei ihm gewährt. Ohne Urteil und Bewertung.

Die Liebe spricht. Es ist wie es ist, sagt die Liebe.

TRÄNEN FLIESSEN WÄHREND ER SICH UND SEINE LIEBE GIBT UND NIMMT. DIE TAGE VERGEHEN...DAS REICH DER LIEBE ERSCHAFFT SICH DURCH IHN...DAS REICH DER LIEBE SEGNET ALLES...SEGEN UND VERGEBUNG

ERDE

ERTRUNKENE TRÄNEN

Der Vater ihn nicht gesehen. Die Mutter ihn übersehen. Er, der Sohn nicht aufgenommen….sein Leben entzweit vergeht. In ihm wachsen und wanken finstere Gestalten, die ihn halten. Alles schwer und trist, er oft auf sich selbst vergisst. Immer wieder erinnert er sich ans Licht und doch immer wieder "bricht er entzwei." Sein Leben niemals ein Leben. Immer hin und her zwischen Licht und Schatten sich sein Geist bewegt. Immer hin und her zwischen arm und reich sein Sinnen. Immer hin und her zwischen Liebe und Resignation die Stimmen in ihm. Keine Kraft mehr für EIN HERZ in ihm verbleibt. EIN HERZ. Sein Schmerz so groß. Seine Not so groß. Seine Angst so groß. Sein Herz so klein geworden. Der Tod ihn nimmt an einem Tag mitten im Krieg. Sein Herz zerbrochen. Zerbrochenes Herz sein Erbe. Zerbrochenes Herz, das all seine Liebe zurücklässt. Er geht dahin, wo das

EINE HERZ GANZ...

Aufgewachsen in Zeiten, die den Menschen viel und mehr abverlangt haben. In Zeiten, die das Überleben sichtbar im Mittelpunkt trugen. Als Sohn erwünscht und dennoch nicht anerkannt, führt er ein Schattenleben. Im Schatten seiner Brüder kann er nicht bestehen, wird er nicht mehr gesehen. Und so entzweit sich sein Herz schon bald und tiefer Schmerz sich in sein Leben schleicht ganz auf dem Grund.

Obwohl voller Talent, ja auch voller Charme und innerer Schönheit seine Gedanken, seine Vorstellungen die Welt außerhalb von ihm nicht erreichen. Kein Raum, kein Platz, keine Annahme für sein Ansinnen. Sein Besinnen. Angelegt in ihm viele Bereiche der Verbindung. Der Erweiterung. Immer wieder stößt er an Grenzen. Bis er nicht mehr will. Alles ihm zuviel. Lange kämpft er um seinen Platz. Seine Präsenz. Seine Liebe und seine Vorstellungen.

Besiegt von den Seinen, der eigenen Geburtsfamilie, die ihm viel zu viel abverlangt, entzweit sich sein Herz wieder. Er kann nichts tun als Überleben schaffen. Selbst Vater von vielen Kindern die Überlebensnot an ihm nagt bei Tag, bei Nacht.

All seine inneren Räume, in denen sein Seelensinnen lebt, verschließen sich mehr und mehr. Unter den Lasten des Überlebens sein Leben verging bei lebendigem Leibe. Und er, er sah das. Er fühlte das. Er bekam das mit. Sein Leben nicht einfach verrinnt. Er ist sich über vieles klar. Über vieles ist er sich gewahr. Vieles hat er mitgebracht in diese Inkarnation. Zur Freude und zur Hoffnung aller wollte er beitragen mit seinen klaren mutigen Gaben.
Viele Leben hat er auf der Erde zugebracht. Immer wieder ist er gekommen, um sein Licht zu verschmelzen mit dem irdischen Licht.

Um die Seele hierher zu tragen. Ihr "Gewicht": DIE SEELENSICHT.

Ertrunkene Tränen! Ertrunkene Tränen, die nun wieder nach der eigenen Form verlangen. Tränen im Meer des Schmerzes untergegangen. In den Sümpfen des Menschseins verraten und verkauft.
Sümpfe! In der Natur Erscheinungen, die oft erst zu spät erkannt, ins Verderben führen. So manches Mal in den Tod vor dem es kein Entkommen gibt. Eine Natur, die uns mitteilt, dass Sümpfe ganz unvermutet auftauchen können. Sie sind da und nur der, der sie erkennt, ja wahrnimmt, gerät nicht hinein. Ja und so führen uns die ertrunkenen Tränen auch in Lebenslandschaften, die tabu sind. Die unangenehm sind schon allein deshalb, weil sie aufdecken, was erschreckt. Was nicht kalkulierbar, ja kontrollierbar ist.

Die ertrunkenen Tränen dieses Mannes sprechen vom Ertrinken im Leben. Vom Ertrinken in den Fluten des Lebens, die nicht eindämmbar, nicht aufzuhalten sind. Von Fluten, die sinnbildlich erscheinen fürs nackte Überleben. Für alles was Überleben erschafft und Überleben am Leben hält.

Seine ganze Lebensenergie immer wieder in den Sog des Überlebens gerät und dabei eine Schwäche erschafft, die ihn niederzwingt. Niederzwingt, da wo er aufstehen und gehen will. Gebunden an alte Regeln und an seine alte Familie traut er sich nicht aufzubrechen. Ja alles hinter sich zu lassen. Er weiß um dieses gehen. Er weiß darum, dass es zu schaffen ist und dennoch gelingt es ihm nicht, zu einer Entscheidung vorzudringen. Sein Frau und seine Kinder! Seine Verantwortung ihnen gegenüber blockiert ihn nicht. Irgendwo in sich spürt er, dass es wirklich gut gehen kann... das die alte Heimat hinter sich lassen.

Ertrunkene Tränen erheben sich nun aus dem Meer. Sie erheben sich aus den Fluten. Sie erheben sich aus den Sümpfen der menschlichen Landschaften und sie geben nun ihre Weisheit preis.

Weisheit, die sich in all diesen Feldern erschaffen hat über ewige Zeitspannen hinweg.

Über Zeitspannen hinweg, in denen die Seele dieses Mannes immer wieder inkarniert ist. Die Absichten dieser Seele wollen sich kundtun und uns hier und jetzt erreichen. Die Absicht dieser Seele, die wahrgenommen wird durch Worte, die fliessen. Sein Sinnen voller Liebe dargebracht.

Ertrunkene Tränen! Sie sprechen über einen Menschen mit feinem Geist. Mit feinen Seelenstimmen. Sie sprechen über seine feine Energie.

So viel feiner er im Verhältnis zu denen rund um ihn. Zu dem rund um ihn. Die Anpassungen nicht möglich. Und so verschwindet mehr und mehr von ihm mit den Tränen, die ertrinken.

Tränen, die ertrinken in den dunklen Fluten mangelnder Wahrnehmung.
Mangelnder Liebe.
Mangelnder Einsicht und Erkenntnis.

Er wird nicht gut behandelt von seinen Eltern, seinen Geschwistern. Ist Aussenseiter und Spinner. Wird blossgestellt und hingehalten. Seine Liebe immer wieder ausgleicht. Immer wieder von tief innen nach außen fliesst. Und doch keinen Anklang findet. Keine Annahme. Kein Erkennen. Tiefe Furchen graben sich in sein Empfinden. In sein Selbstempfinden. Verletzen ihn immer wieder um den Kern seines wissenden Wesens herum.

Niemand da, der ihn sieht. Der ihm sein geistig seelisches Gewahrsein spiegelt.

In ihm entsteht ein dunkler See dunkelsten Wassers aus dem Schmerz des Nicht erkannt werdens. In diesem See - seinem Schmerz und dem Schmerz der anderen - ertrinken seine Tränen, die er nach innen weint. Weil sie außen verspottet und entwürdigt werden. Er im irdischen Kleid eines Mannes darf nicht weinen. Darf nicht klagen. Darf nicht sein wie er ist.

Sensibel, empfindsam...

EIGENschaften, die in dieser Welt nicht als das gesehen werden, was sie sind.
Die dunklen Felder im inneren See des "Nicht erkannt werdens" beginnen sich zu bewegen, ja abzulösen. Die dunklen Felder des Schmerzes zeigen sich im Licht, das hereinstrahlt. Atem und Liebe strömen durch das Wasser. Der Atem Gottes, der jedem Wasser innewohnt. Die Liebe Gottes, die jedes Wasser trägt. Egal in welcher Form es erscheint. Auch wenn es bereits versiegt ist, wenn das Wasser schon lange fort ist, ist dieses Wasser noch präsent, wo es einst war. Alle Informationen sind da. Wasser trägt alle Gesichter Gottes. Wasser trägt alle

Gesichter der Menschen. Vom Feinstofflichsten bis zum Grobstofflichsten...

Wasser
Wasser
Wasser ... lebendige Seelensprache.

Es ist als würde das Wasser den Mann tragen, in sich tragen. Und jetzt, jetzt zeigt es ihn. Er in Menschengestalt schwebt darin. Wie es die Wale tun. Das Wasser, es hält ihn. Es lässt ihn leben mit allem, was er ist, was er war und was er jemals sein wird. Das Wasser enthält all seine ertrunkenen Tränen. All seine Leiden. All seine Liebe. Dieses Wasser trägt alle seine Inkarnationen. All seine Leben. Und nun wird in diesem Wasser EIN LÄCHELN sichtbar. Dieses Bild, das hier erscheint verströmt eine wundervolle Präsenz. Ein weises, glückliches Gewahrsein. Es verströmt den reinen, klaren Geist, die reife volle Seele. Die Kraft, ja Liebe der irdischen Erscheinungen. Die Kraft, ja Liebe der geistigen Welt. Diesseits und Jenseits ungetrennt. Werden und vergehen. EINS.

Tiefe Berührung breitet sich aus. Ein Wesen, ein Wesen aus Licht verströmt sein WESENSLICHT und gleichzeitig lässt es das Licht des Menschseins scheinen. Mensch sein, das aus 2/3 Wasser besteht.

Diese alte Seele trägt den Stoff des Lebens hierher. Sie breitet nun alles einfach aus für jene, die dies lesen. Und für jene, die dies nicht lesen. Es gibt keine Trennungen mehr, auch wenn wir noch mitten in den Wellen und Wogen des Wandels sind. Diese Seele hat alles, was entzweit getragen. Gehütet über lange Zeitspannen hinweg. Um am Ende der Zeit, am Beginn eines neuen Zeitalters das EINE HERZ hervorzubringen.

Eine alte Seele, ein Mann, der im zeiten Weltkrieg irgendwo auf einem Schlachtfeld gestorben ist. Zwei seiner Söhne kämpften im gleichen Krieg. Seine Frau mußte mit den anderen Kindern fliehen. Das Jüngste dieser Kinder, ein Mädchen, wurde während eines Fronturlaubes gezeugt. Sie hat ihren Vater nie kennengelernt.

Diese Seele trägt all das hierher in diesem Augenblick des Lebens. Durch ihre Augen die Seelensicht an uns herantritt. Sich uns offenbaren möchte. Sich uns anvertrauen möchte, auf dass wir alle wieder ganz im wahrsten Sinne von Liebe sind. Seelensicht in allem das Licht erkennt. In allem Gott erkennt. In allem Liebe erkennt. Die Geburt der Seelensicht auf der Erde hat längst begonnen. Diese Sicht, die aus den Augen der Seelen strahlt, beginnt in den Augen der Menschen sichtbar zu werden. Materialisiert zu werden. Materialisiert in dem Sinne dass Licht hervorströmt, das im Herzen des Menschen zu Liebe geworden ist.

Zu freier wahrer Liebe, die alles umfasst.
Alles annimmt.
Alles umarmt.
Zu einer Liebe, die alle Bindungen heilt, um wahre Verbindungen zu leben.

Kein Leben, egal wie es sich äußert, ist umsonst.
Kein Leben, egal wie es sich äußert, ist zu bewerten.
Kein Leben, egal wie es sich äußert, ist nicht Gott.
Die ertrunkenen Tränen wirken in vielen vielen Menschen. Ertrunken in den inneren Seen, die aus dem Schmerz des Nicht erkannt werdens - des Nicht gesehen werdens - entstanden sind.
NICHT ERKANNT WERDEN – NICHT GESEHEN WERDEN.

Gesehen durch Augen die urteilen, die bewerten. Gesehen durch Ideale, Meinungen, Vorstellungen,... durch menschliche Egoenergien. Durch all diese Energien sich selbst fremd werden. Sich selbst nicht mehr sehen können...sich selbst und die Liebe im eigenen Herz nicht mehr fühlen können...DER SCHMERZ DES SELBSTVERLUSTES tief in sich vergraben...

Nicht erkannt werden, nicht gesehen werden...
DIESE WUNDE darf nun geheilt werden.
In jedem Menschen.
In uns selbst die Heilung, die Erlösung.

Soviele Tränen, die geweint oder unterdrückt wurden. Nun ist die Zeit gekommen, in der viele Menschen das Wasser ihres Lebens reinigen von allem, was sie unterdrücken und festhalten. Dieser Prozess ist nicht einfach und er braucht Zeit. *Ja soviel Selbstliebe, die wieder aufwachen, wachsen und gedeihen darf.* Dieser Prozess ist mit nichts vergleichbar. Nie in dieser Art erlebt worden. Er ist individuell und für jeden Menschen anders.

Dieser Prozess ist ein Geschenk, dessen Ausmass von nur wenigen Menschen bis jetzt erkannt wird.

Das entzweite Herz wird wieder ein Herz. EIN HERZ spricht Liebe, Frieden, Freude, Verbindung, Glück,....EIN HERZ SPRICHT DIE REINE SPRACHE DER SEELE. Ein Herz hat seine Geschichte verströmt...

DANKE
DANKE GROSSVATER – VATER MEINER MUTTER

Ich habe schon als Kind beobachtet, dass die ganze Familie nicht wirklich über ihn sprechen wollte. Und wenn sie es getan haben, haben sie es zwischendurch auf ganz absonderliche Weise getan. Kurz, verschweigend, verweigernd. In meinen persönlichen Bewegungen habe ich ihn eines Tages sehr stark wahrgenommen. Ich habe mich eingelassen. Soviel Schmerz in allen, dass er keinen Platz haben konnte. Ich habe ihn in meinem Leben angenommen, was mich tief berührt hat und was mir sehr gut getan hat. Sein Wesen hat mich sehr angesprochen. Ich habe mich von ihm erkannt gefühlt. Ich habe ihn erkannt. Ein Gleichklang, ja auch EIN KLANG...Der Tod ist keine Grenze mehr. Keine Trennung.

DANKE BRUDER, der du mir vorausgegangen bist.

TRÄNEN FLIESSEN WÄHREND ER SEINE LIEBE GIBT UND NIMMT. DAS GANZE HERZ IN JEDER TRÄNE FLIESST. LIEBESTRÄNEN AUS DEM EINEN WASSER. AUS DEM EINEM LEBEN. AUS DEM EINEN SEE DER LIEBE GOTT.

SEELE

VERBITTERTE TRÄNEN

Offenen Herzens als kleines Kind die Mutter sehr geliebt, den Vater kaum gekannt. Aufgewachsen in dumpfer alter Energie sich das Herz zurückzog tief in ihn hinein... Schwere Arbeit schwerer Lohn... Weizenfelder Sonnenglut gedemütigte Arbeitskraft... Alte Lasten schwer wie Blei sich um sein Wesen rankten. Kaum atmen können, kaum Bewegung im Geiste, in Gedanken. Gefühle dumpf, ja abgetrennt... Manchmal das Licht aufblitzt wie Gefahr...Gefahr Gefahr Gefahr...Soviel Angst erstickt im Kind, im Mann. Soviel Angst seine Augen trübt...aus dem vergifteten Brunnen getrunken und nicht mehr geheilt...Lebenslügen in alten Mänteln männlich weiblicher Gewalt...KALTE OHNMACHT sein Herz gefangen hielt...

HIER UND JETZT FREI

Vor vielen vielen Leben ist diese Seele auf der Erde gewesen, um mitzuwirken an der Erschaffung neuer Möglichkeiten, das menschliche Leben einfacher und effizienter zu gestalten. Diese Seele trug in sich einiges an Wissen, das sie auf der Erde einfliessen liess. Doch während dieser Inkarnation wurde auch deutlich, dass Menschen nicht immer reif sind für Erneuerung. Das, was den Menschen dienen sollte, wurde durch Zwang und Machtübernahme zu Demütigung und Ausnutzung.
In dieses Leben gekommen trug er wieder einiges mit sich, mit dem er dienen wollte.

Angekommen hier auf Erden, fand er schwere Energien vor. Die Liebe für seine Mutter so gross. Für sie, eine einfache, arme Frau, trug er schon als Kind sehr viel Verantwortung. Seine Mutter geschändet, gedemütigt und zutiefst verletzt. Niemand war da, der ihr zur Seite stand. Dem sie sich hätte anvertrauen können. Er lebte mit ihr und den Seinen. Sein Vater nur eine schemenhafte Figur. In seiner Liebe für sie übernahm er emotional sehr viel von ihr. Er trug dies bis an sein Ende mit sich herum, ohne auch nur zu wissen, dass sich dadurch vieles in seinem eigenen Leben nicht entfalten konnte. Weite Bereiche in ihm lagen brach, da sein eigenes Herz sich selbst und das seine kaum mehr fühlen, ja wahrnehmen konnte. Tief eingetaucht in die Welt, in die er hineingeboren worden war, verschwand das mit dem er dienen wollte mehr und mehr. Mehr und mehr unter dem der anderen Menschen. Unter dem der Familie, unter dem des sozialen Umfeldes....

In ihm soviel reines Kindliches, soviel Lächelndes, das langsam in seinem Herzen tief in ihm verschwand. *Herzen, die keinen Platz haben ziehen sich zurück*. Sein Überlebensschutz. Das Leben hat ihm immer wieder Gelegenheiten geboten, diese Schutzmechanismen zu durchschauen. Seine Verletzlichkeit tief verborgen in sich, hat er nicht die Kraft gefunden, sich und sein Innerstes auszudrücken.

Hier ist ein Mensch präsent, dessen Leben nach außen zwar nachvollziehbar ist. Und doch ist es so als wäre da in ihm ein ganz anderer Mensch, der sich selbst nicht sieht, sich selbst nicht erkennt. Ja sich selbst, sein Innerstes kaum wahrnimmt und hört. So lebt er. Und die, die ihn kennen, kennen genau diesen Menschen. Während hier die verbitterten Tränen über sein Leben sprechen, wird spürbar dass es da dahinter soviel mehr gibt. Dieses Dahinter ist schwer zugänglich. So als würden Eisentüren zugefallen sein.

Ja und da wir ja wissen, dass es sich hier um Energie in Bewegung handelt, lassen wir diese alten Eisentüren. Sie sind da und sie dürfen nun da sein. Es ist als würde der Mann diesem Geschehen beiwohnen. So als würde er diesem Prozess zustimmen.

Sein Ja kommt intensiv spürbar in den Raum der verbitterten Tränen. Sein Ja, das er jetzt als Seele ganz bewusst gibt.

Der Schreibenden vermittelt. Er selbst ist es, der diese Eisentüren öffnen wird. Es braucht noch "Zeit".

Dankbar sein entfaltet sich.
Dankbar sein für die Worte, die Bilder.
Dankbar sein für diese unterschiedlichen Bewegungen und so unterschiedlichen Bewusstseinsräume.

Die Eisentüren zeigen sich mächtig und kühl. Der Mann, seine Seele, stößt diese Türen nun auf. Es sind mehrere. Alles geschieht zeitgleich. Es ist viel soviel...einfach nur atmen, atmen...Die Seele, die hier am Werk ist, lässt dies jetzt geschehen und es ist als würde sie die Erlaubnis, ein ganz lautes, klares Ja zu allem geben, was erscheinen will. Dieser Akt ist außergewöhnlich. Vollkommen in seinem Erscheinen.

Die verbitterten Tränen dieses Mannes haben hierhergeführt. Lassen dies alles zu. Sie gehen voran in die Räume. Sie verströmen Bereitschaft. Reine und klare Absicht. Und mit dieser Absicht kommt das Licht.

Es leuchtet in die Räume. Es strahlt in die Räume. Alles wird hell und heller. Es geschieht und mit diesem Geschehen wird das, was im Dunkeln lag - das was ganz tief verschlossen war - sichtbar. Zutiefst verletzte Männlichkeit. Zutiefst verletztes Mann sein. Zutiefst verletzte Eitelkeit, die so pur und rein in ihrer Kraft nur Schutz und Brücke.

Hier zeigt sich ein Mensch, der vergessen hat. Vergessen...Ein Prozess, der dieses Leben vollkommen durchdrungen hat. Genauso wie es bei den meisten anderen Menschen auch geschehen ist und geschieht. Ja er hat geatmet und gelebt. Ja er war Mann, Vater, Großvater, Bruder...Ja er war da. Und dennoch nicht da. Nun geht es darum zutiefst zu begreifen, was es heißt zu vergessen. Sich selbst, die eigene Seele und ihre Absichten zu vergessen.

Die Energie der verbitterten Tränen ist stark. Lange hat es gedauert bis hier und jetzt weiter geschrieben werden kann. Die inneren Räume geöffnet... Das Licht hat hineingescheint, hineingewirkt. Ja alles durchstrahlt. Ja das Dunkel erlöst.

Viel Zeit ist vergangen, in der ein Weitergehen nicht möglich war. Jetzt in diesem achtsamen Moment, indem der Blick in diese Räume fällt, ist es so als würde hier die Zeit gar nicht mehr existieren. Fest verschlossene Räume sind JETZT wundervolle Räume, die sich ausdehnen...lichtdurchflutet, klar, rein...Räume, die weit offen sind.

Dieses "Weit offen sein" berührt stark! Jedoch ganz sanft und liebevoll. Die Schreibende kann hier sein und mit jedem Schritt, den sie geht, *mit jedem Schritt spürt sie, dass ihr der Zutritt von diesem Menschen, dieser Seele gewährt worden ist.* Ihr und nun auch allen, die dies lesen. Hier ist es still. Voller Frieden und Liebe. Alles ist gut.

"Danke dass du gekommen bist. Danke dass du mein Leben berührt hast. Danke dass du die traurigen Tränen gehört hast und dass du auch den anderen Tränen Raum und Stimme gibst. Du bist gekommen und ich konnte endlich mein Ja geben. Auch wenn ich dir nicht mehr in der Welt der Formen begegnen kann, können wir in der seelisch geistigen Präsenz kommunizieren.

Mein Leben war nicht einfach und schon als Kind konnte ich mich in dieser Schwere um mich herum kaum bewegen. Ich sah die Menschen nicht nur so wie Menschen eben aussehen. Ich sah die Auren. Ich konnte ihre Gedanken lesen, ja hören. Das hat mich sehr erschreckt. Niemand war da, dem ich mich hätte anvertrauen können. Zu dieser Zeit, am Anfang des 20. Jahrhunderts gab es sehr viel Armut. Ich lebte unter Menschen, die mit harter, sehr harter Arbeit ihr Brot verdienen mußten und es reichte hinten und vorne nicht. Zudem waren Gewalt, Misshandlung, Missbrauch,... in all ihren Erscheinungen sozusagen gesellschaftlich gebilligt.
In allen Schichten, durch alle Schichten wurde Härte, Zwang, Druck,...regelrecht verherrlicht und nur wenige sahen die Unmenschlichkeit, die Ungerechtigkeit. Soviel seelisch geistige Not... soviel materielle Not überall. Schon als Kind zog ich mich

mehr und mehr in mich zurück. Ich wollte nicht mehr hören, ich wollte nicht mehr fühlen. Und als ich dann als Jugendlicher den ersten Weltkrieg um mich herum seinen Lauf nehmen sah, war mir, als würde ich zerbrechen. Die ganze Gewalt und Grausamkeit, der Hunger, der Gestank,...der Tod, der überall seine unzähligen Gesichter zeigte...Und dann der zweite Weltkrieg! Er überflutete alles alles mit Blut...

Ich lernte schon von klein an, dass ich als Junge und als Mann gewisse Pflichten hätte. All diese Pflichten waren geprägt von einer Härte sich selbst und anderen gegenüber, die schlichtweg alles vergiftete. Alles. Ich spürte die Härte um mich herum. Und ich spürte wie dieses Gift in mir wuchs. Wie diese Härte in mir Wurzeln bildete. Härte und Verbitterung trübten alle meine Empfindungen. Angst durchströmte mich schon als Kind und auch als ich längst erwachsen war, klebte die Angst an meinen Gedanken. An meinem Fühlen. Bei Tag und bei Nacht...

...aus dem vergifteten Brunnen getrunken und nicht mehr geheilt...

Uralter tiefer Schmerz hat das Wasser im Brunnen vergiftet. Schmerz, der von Generation zu Generation weiter gegeben wird. Der lebendige Lebensströme einsperrt. Gesunde tragende, nährende Kräfte erstickt im Keim, sodass sie gar nicht wachsen und gedeihen können. Lügen, überall Lügen...

Mann und Frau, vergiftete Brunnen – KINDER DES EINEN VATERS, DER EINEN MUTTER - vergiften das Kind, mit dem Gift, das sie selbst in sich tragen und das sie nicht erkennen wollen.

Selbstverrat, Verleugnung, Härte und Zwang wird von Generation zu Generation weiter gegeben. Um welchen Preis? Der Preis war und ist immer das eigene Leben. Der Verlust der eigenen Integrität. Der eigenen Identität. Der eigenen Seele, die immer Liebe, Freude und Frieden ersinnt...

"Aus dem vergifteten Brunnen getrunken und nicht mehr geheilt"...

Weites Land erstreckt sich unter klarem Sternenhimmel. Unter klarem Sonnenhimmel. Ich habe die Erde, die Wiesen und Felder sosehr geliebt. Für mich gab es nichts Schöneres als das Land in seinem Wachsen und Gedeihen zu erleben. Das gelbe Korn zu ernten. Die Früchte der Arbeit hab ich da noch gesehen. In der Fabrik hab ich all das so vermisst... Die Stimme versiegt.

STILLE weites, tiefes Still sein...

Ich kann mich nun nocheinmal darauf besinnen, dass hier das Leben meines Großvaters erschienen ist. Er ist gestorben als ich neun Jahre alt war. Ich hab fast gar nichts gewusst über ihn und die anderen Erwachsenen in meiner Kindheit. Sie haben nichts erzählt aus ihren Leben. Es war als hätten sie keine Geschichte.

Die Sprachlosigkeit, die hier auftaucht und die Fremde unter den Menschen geht mir jetzt ganz ganz nah.
Für mich als Kind war diese Fremde in den Familien immer spürbar. In der Familie meines Vaters, in der Familie meiner Mutter. Unterschiedlichste Menschen, die da zusammen gewürfelt FAMILIE waren. Menschen, die voneinander sowenig wussten. Die sich gar nicht wirklich gekannt haben. Bilder tauchen auf, seit ich hier weiter arbeite. Bilder aus meiner Kindheit. Bilder, in denen viel erzählt wird über Abwehr und Distanz. Über Bindung, die einander hält. Und gleichzeitig wird die Tiefe ihrer Verbinungslosigkeit fühlbar...weil niemand eine heile Verbindung zu sich selbst hatte.

Hier mit meinem Großvater, dem Vater meines Vaters, tauche ich wieder einmal tief ein in menschliche Beziehungsfelder. In die Felder meiner Ahnen, der Familienmitglieder. Ich sehe auf das, was weiter gegeben wurde. Ich sehe auf mich und das, was ich übernommen habe. Was ich gelebt habe. Ohne zu wissen, was es für Folgen haben würde.

Bilder aus meiner Kindheit! Sie erzählen mir auch auf andere Weise vom Vater meines Vaters. Ich weiß hier und jetzt, dass ich seine Seele fühlen konnte. Über diese Bilder fühle ich heute noch diese kraftvollen, liebevollen, reinen, sanften ja klaren Seelen Räume. Ja ich spüre, dass sie mir als Kind schon so manches mitgeteilt haben, das heute noch - jetzt während ich schreibe - in mir lebendig ist. Allein schon dass mir jetzt Tränen über die Wangen fliessen ist ein Geschenk...

Aus dem reinen Brunnen getrunken und heil sein...

Meine Tränen, die ich jetzt weine, sind aus dem Wasser der Liebe...aus der immerwährenden klaren Verbindung von Seele zu Seele.

Möge jede Seele in ihrer Schönheit und Liebe präsent sein. Möge es gelingen, die Seelenräume wieder zu öffnen, damit das Licht auf alles fallen kann...damit wieder gewahr:

DAS LICHT LEUCHTE...

Seine reine, klare Absicht und meine reine, klare Absicht hat dies hervorgebracht. Hat dies bewirkt. Hat uns da sein lassen. DASEIN ist es, das er in meiner Kindheit hinterlassen hat. Seine Seele und meine Seele haben sich in manchen Momenten berührt.
Die Stille ebnete den Weg, hat uns verbunden. Das Licht der Sonne scheint auf so manchen Moment, den wir teilten. Geteilt in unserer Liebe für die natürlichen Gaben des Lebens. Auf der Bank sitzen und den Rücken an die Holzhütte lehnen, die noch warm vom Mittagslicht ist und in den Garten schauen. Stille, Weite, Harmonie. Nichts tun. Eine Präsenz, die EWIG SCHEINT.

TRÄNEN FLIESSEN WÄHREND ER SICH UND SEINE LIEBE GIBT UND NIMMT. OHNMÄCHTIGES HERZ UND MACHTVOLLES HERZ GEEINT. DAS HERZ JETZT REINER BRUNNEN... ÜBERFLIESSEN...FREI SEIN. DIE GABEN DES NATÜRLICHEN LEBENS, DER NATUR ERZÄHLEN VOM GROSS(EN)VATER. SEIN BLICK FÄLLT AUF DIE ERDE IN LIEBE. SONNENLICHT STREICHELT DIE ÄHREN...NAHRUNG UND SAAT SEIN ERBE

HIMMEL

TROTZIGE TRÄNEN

...aufgebracht das Kind wild um sich schlägt...es will nicht...es will nicht...es will nicht...Was will er nicht der kleine Junge? Er will nicht bevormundet werden. Er will nicht so behandelt werden. Er will nicht, weil er ein Kind ist, für dumm und blöd gehalten werden. ER WILL. Er will gesehen werden, gehört werden, angenommen werden. Er will als Kind geachtet und geschätz werden in seinem kindlichen Wissen, seinem kindlichen Vertrauen. Seiner kindlichen Achtsamkeit, die soviel natürliche Weisheit aufweist. Seelen Wissen klar und rein in ihm funkelt, in ihm strahlt. Sich verschenken will, sich einbringen will in die Familie. In seine Familie, die er sehr sehr liebt. Wild stampft er auf mit seinen kleinen Füßen...Nicht wahrgenommen wie er ist in all seinem neuen, reinen Geben alles in ihn zurückfällt...Trotz versteckt in allerlei Gesichtern sein Leben bestimmt...MACHT HAT, sodass das Herzenslicht zerrinnt...aus rinnt

AUFGEGEBEN ... ER LÄSST SICH FREI

Unzählige Leben verbringt er damit, sich zu befreien. Immer wieder erhebt er sich. Immer wieder fällt er.

Sein Lebenssaft in diesem Leben die Kunde trägt, endlich das zu erschaffen, was sein Herz in vollem Umfang weiß.

Tief drin in seiner Brust schlägt sein Herz. Tief drin in diesem körperlichen Herzen dehnen sich Bewusstseinsräume unvorstellbaren Ausmasses aus, die Potentiale enthalten, die er

hierher mitgebracht hat. Potentiale, die er entfalten, ja lebendig werden lassen will.
Soviel Schmach ist in ihm entstanden, weil er oft zu feige war, einen anderen Weg einzuschlagen. Soviel Schmach, weil er sich selbst verleugnet hat und nicht an sich geglaubt hat. Schmach, die sich tief in seine Männlichkeit gegraben hat. Schmach, die ihm einerseits immer wieder vorgaukelt eh alles im Griff zu haben, was seinen Verdrängungen zu Gute kommt. Andererseits blockiert sie ihn tief in seinem Wert und seinem WERTE VOLL FLUSS. Diese Schmach gaukelt ihm sovieles vor. Und vorallem lässt sie ihn "Klein sein". Klein sein in allen Bereichen seines Lebens, obwohl er dies selbst nicht bemerkt.

Eine Kleinheit, die ihm nicht erlaubt, das zu tun, was er tun könnte.
Eine Kleinheit, die ihm sagt, er könne nicht. Er habe nicht genug.
Eine Kleinheit, die ihn hält in Verhältnissen, die ihn entwürdigen. Die ihn sozusagen versanden lassen.

Verhältnisse, die seine Lebensenergien, seine Lebensflüsse davon rinnen lassen, ohne dass er deren Potential angenommen und verwirklicht hat. Er erkennt sie nicht in seinem Herzen. Er erkennt sich selbst nicht wirklich.

Alte Verhältnisse rauben ihm seinen Mut.
Alte Verhältnisse rauben ihm seine klare Sicht.
Alte Verhältnisse streuen ihm Sand in die Augen, damit er sich selbst und andere nicht sieht.
Alte Verhältnisse lassen ihn immer noch arm sein.
Obwohl er soviel Reichtum in sich trägt.

Ja nun öffnet sich die Welt dieses Mannes. Wir kommen in Gefilde, in denen soviel erstarrt ist durch Trotz. Durch Trotz, der längst der Vergangenheit angehört und dennoch immer noch das ganze Leben bestimmt.

Er selbst ist es, der sich klein hält. Er selbst ist es, der das, was er kann und alles was er ist, nicht annimmt. Er selbst ist es, der klein sein lebt, weil er so eine Angst vor seiner Größe, seiner

Macht hat. Ja und er hat Angst vor den Schmerzen, die noch nicht geheilt sind. Vor den Ängsten, die sich so tief in sein Fleisch eingegraben haben. Ja es wird hier gesagt - ganz bewusst - in sein menschliches Fleisch. Er hat soviele Überlebensängste. So intensive Urängste, die auch aus seiner Familie stammen. Diese uralten Ängste lähmen ihn und weil er nicht weiß wie er sich diesen Ängsten stellen soll, versteckt er sich im Trotz.

Angst und Trotz werden zu Waffen. Waffen, die vermeintlich sein Leben schützen. Und doch: In Wahrheit halten sie sein Leben, sein eigenes Reich klein.

Diese Waffen, die er mit sich trägt um zu demonstrieren, dass er jemand ist, begrenzen ihn und lassen ihn eintönig sein. Fade und aufgesetzt – Fassade für die, die sehen.
Angst und Trotz zu Grenzen geworden, die so unnatürlich sind und so unnatürlich wirken.

Er der Mann stark, kraftvoll, ja von wundervoller, einzigartiger Präsenz lässt diese seine Gaben verkommen. All dies geschieht und er lässt es geschehen. So als wäre er ein Fremder im eigenen Leben.

Und ja diese Worte sprechen wahr. Denn er, er ist sich selbst fremd geworden in all dem alten Denken. In all den alten Ängsten. Viel hat er sich angesehen. An vielen Punkten hat er Grenzen überwunden. Hat er Rahmen gesprengt. Und doch ist er immer noch so voller Angst. So voller Ablehnung sich selbst gegenüber. Er bezieht soviel in seinem Leben aus alten Erlebnissen. Aus alten Taten.

So hat er versäumt im Hier und Jetzt anzukommen.
So hat er versäumt im Hier und Jetzt zu fragen, was wirklich stimmt.
Und wo er überhaupt steht im Leben.
Was er eigentlich wirklich will.

´Einsam´ verströmt sich in seiner Gegenwart. Ein uraltes

Einsam sein, das er nicht hergeben will. Wenn er es hergeben würde, würde er spüren wieviel er sich selbst versagt. Wieviel er sich selbst wegnimmt. Wieviel er einfach davonrinnen lässt von seiner Lebensenergie. Ohne überhaupt nur zu wagen, anzuschauen was davonrinnt.

Sein Herz...
sein Herz...
sein Herz...

So unsagbar tief der Schmerz des Verlustes. Des Selbstverlustes... So lange lässt er sich schon allein und weil es schon solange dauert, ist dieser Schmerz nicht mehr spürbar als Schmerz. Der Schmerz hat sich zu einem Lebensgefühl entwickelt, das sich durch gewisse Verhaltensweisen rechtfertigen lässt. Und nur in ganz ganz wenigen sehr kurzen Momenten fühlt er, wie es um ihn steht. Alle Menschen, die ihn daran erinnern, lässt er ziehen. Lässt er gehen ohne auch nur einen Versuch zu unternehmen, zu erkennen was sie ihm schenken, ja zeigen wollen. Er verschmäht sie, so wie er sich selbst, seine eigenen Lebensenergien, verschmäht.
Genaugenommen will er sich nicht. Er will sich nicht und dieses Spiel treibt er schon so lange, dass es ihm ihn Fleisch und Blut übergegangen ist.

In Fleisch und Blut übergegangen....
In Fleisch und Blut übergegangen....
In Fleisch und Blut übergegangen....

Diese Worte klingen...sie klingen nach und nach...tief und tiefer... und dort sieh! Da in der Tiefe sitzt er, der kleine Junge. Er kann nicht raus. Kann sich nicht rühren. Kann sich nicht bewegen. Vor lauter Angst. Angst vor den Erwachsenen, die sich streiten. Die ihr Aggressionen und Unterdrückungen wild ins Leben hinausschreien. Wild ins Leben hinausspeien...er mitten drin und viel zu zart. Viel zu fein für all diese groben Schwingungen. Viel zu offen für all die Lieblosigkeit. Von Anfang an meint er, dass er nicht gut genug ist, weil er dies nicht stoppen kann. Weil er die Situation nicht ändern kann. Sein Vater in seinem tiefen alten Groll verletzt ihn schwer mit seinen

Angriffen und er wird an vielen Stellen taub, ja fühllos. Siehst du ihn da sitzen den kleinen Jungen!

Und so beginnen leise Stimmen Kinderlieder zu singen. Wiegenlieder.

Ganz ganz einfache sich immer wieder aneinanderreihende Reime, die beruhigen. Die eine Art Sicherheit erschaffen. Ein Hand streckt sich ihm entgegen und er nimmt sie. Er lässt sich hochheben und in den Arm nehmen...lässt dies geschehen... lässt dies geschehen auf der ganzen Welt...Kinder, gewiegt von Liebe und Wärme...Kinder gewiegt von Menschen, die sich bewusst sind über uralte Verletzungen und uralten Schmerz... Kinder, gewiegt von Menschen, die diesen Schmerz in sich selbst angenommen haben und die nun frei sind für eine neue Welt. EINE LIEBE WELT.

Das Wesen von Liebe erkennen...es wieder ins Leben eindringen lassen...das eigene Leben wieder vertraut werden lassen mit dem wahren Wesen von Liebe, das steht uns allen bevor.

Allen, die dies wollen. Die darum wissen und die spüren, wie viel Kraft und Einsatz dies fordert. In einer Welt, in der das Wort Liebe und das Erleben von Liebe dermassen mißbraucht wurde und wird.

Er ist gekommen um Familie zu sein. Familie zu leben. Er ist gekommen mit all seiner Liebe, um die eine Welt, die eine Menschheit mitzuerschaffen. Er ist gekommen mit seinem Licht, um das Licht hineinstrahlen zu lassen in alte Kerker, alte Gefängnisse der Menschheit. Er ist gekommen und geblieben, obwohl es nicht einfach war zu bleiben.

Hier an dieser Stelle ist es Zeit ihn und das Seine endlich zu würdigen. Endlich einmal auszusprechen, dass er ein wunderbarer Mensch ist mit einem liebevollen Herzen.

Auch wenn er es nicht annehmen kann – jetzt vielleicht noch nicht – so ist es doch ausgesprochen. So ist es doch gesagt.

Und so wird es ihm gesagt und dir und dir....Du bist ein wundervoller Mensch mit einem liebevollen Herzen!

Wann immer er oder du diese Wahrheit erkennst und ins Leben bringst, das kann niemand anderer entscheiden. Doch wisse, wisset: ES IST.

Die trotzigen Tränen haben sich solange aufrecht gehalten. Und auch jetzt versuchen sie es noch. Doch erschöpft von all dem alten Hin und Her spüren sie wie aussichtslos ihr Unterfangen doch ist. Wie sehr dieser Trotz verletzt. Langsam lassen sie los und es ist als würden sie uralte Kleider ablegen. Am Ende liegt ein Haufen Gewand da und über bleibt der nackte Mensch, das nackte Kind.

VON LIEBEVOLLEN HÄNDEN eingehüllt in warme Decken beginnen die trotzigen Tränen im trotzigen Mann loszulassen. Sie beginnen sich zu entspannen in den warmen Decken und langsam langsam schlafen sie ein. Wenn sie wieder aufWACHen die trotzigen Tränen im trotzigen Mann werden sie erstaunt sein. Alles alles hat sich verändert. Güte und Wärme sind zurückgekehrt. Güte und Wärme beginnen zu wirken, zu heilen. Güte und Wärme...Das Herz darf da sein. *Trotz hat sich verwandelt in reines Herzensgut.*

HERZENS GUT...
HERZ GUT...
sein wahres Sinnen von Anbeginn an...

Und so schleicht sich dann und wann ein Lächeln in die Augen. Es schleicht sich in die Mundwinkel. Es schleicht in den ganzen Körper. Ein Lächeln aus dir selbst für dich selbst. Jetzt weiß er und wenn du willst auch du, dass es geht das alte Leben. Er braucht es nicht mehr und du brauchst es vielleicht auch nicht mehr. Lange hat er auf seine Liebe gewartet. Lange hat er sie davonrinnen lassen. Jetzt ist er bereit sie anzunehmen. Sie aufzufangen.

Ja er wird zu einem Gefäß voller Liebe...
überfliessend reich erfüllt ...
Friede sei mit ihm und allen, die dies geschehen lassen.

Er ist gekommen der Liebe wegen.
Du bist gekommen der Liebe wegen.
EINE MENSCHEN FAMILIE LEBT LIEBE.

TRÄNEN FLIESSEN WÄHREND ER SICH UND SEINE LIEBE GIBT UND NIMMT. HERZENSLICHT IN IHM NUN WIRKT. SICH VERMEHRT UND VERMEHRT. ENDLICH BIST DU DA MENSCH UND MEISTER...SOHN MANN VATER BRUDER FREUND GELIEBTER ....LIEBE LIEBENDER GELIEBTER.

KIND

LUSTLOSE TRÄNEN

...oft nicht gewollt das Leben...oft abgebrochen jeden Kontakt...oft alles verworfen....dann wieder das Licht angezündet und den Flammen der Transformation gelauscht...sich an vielen Stellen zurückgelassen... nun endlich alles einsammeln und nach Hause tragen...er in seinem Haus will wohnen... angekommen im Hause Gottes sein Lebensbuch endet...der Beginn der neuen Ära ein neues Buch bindet für die nächsten Schritte...Schritte, deren Ausmass noch unvorstellbar erst im Geiste geschehen...feinstofflich wird stofflich...JA

ER GEHT SEINEN WEG

In seiner Kindheit hat dieser Mensch mehr als einmal Situationen erlebt, in denen er ganz genau wusste, dass er jetzt sterben könnte. Für ihn, das Kind, war das furchteinflössend und es hat tiefe Ängste hinterlassen. Viel Geduld und Kraft hat er gebraucht um sich als Erwachsener davon zu befreien. Viele dunkle Stunden hat er durchwandert. So dunkel, dass er wieder geglaubt hat, sterben zu müssen. So ist er weiter und weiter gegangen. Schwere Tränen sind ihm über die Wangen gelaufen. Er hat sie nicht gespürt.

Vieles was er ist, lag unter einer schweren Decke vergraben. Und vieles was er ist, hat er selbst nicht verstanden. Und manches versteht er auch heute noch nicht. Obwohl sein Licht glänzt und strahlt, sein Wissen leuchtet, seine Seele enorm im Licht, kann er sich selbst an verschiedenen Stellen nicht berühren. Diese Stellen liegen im Dunkeln. Er weiß irgendwie um sie und dennoch verschwinden sie immer wieder unter dem strahlenden Licht.
So als würde das Licht selbst sie verstecken.

So als würden Vorhänge aus Licht ein Spiel spielen, das irgendwie auch gefährlich ist. Die lustlosen Tränen wollen fliehen. Wohin, das wissen sie nicht. Sie wollen weg und erst gar nicht hier sein. So als würden sie etwas verraten können, was gar nicht gesagt werden will. Ja und auch hier, auch hier ist Vor aus sicht geboten.

Hier in diesem Seelenfeld ist Achtsamkeit geboten auf dass das geschehe, was geschehen kann. Die sich zeigenden Energien wollen erst einmal da sein dürfen. Wollen erst einmal gewürdigt und wahrgenommen werden. Um sich in ihrer Art und Weise zu entfalten. Ruhe und Erwartungslosigkeit sind angebracht um dann, wenn es fliessen will, mitzugehen.

Liebevolle Achtsamkeit sei den Tränen gwährt, die sich hier zeigen. Sei dem Spirit gewährt, der sich hier ausdrückt. Jeder Ausdruck braucht Achtsamkeit, Respekt und Wertschätzung und genau hier bei diesem Mann werden diese Wörter ausgesprochen.

Er ist es, der hier dies einbringt für uns alle und JA ER TUT ES auf seine unnachahmliche Weise. Jeder, der dies fühlen will, kann dies hier tun. Und so lassen wir der Führung den freien Willen, auf dass sie sich bewege wie sie will. Wenn sie wieder klar spürbar ist, wird die Sprache wieder aufgenommen.

DIE SPRACHE AUFNEHMEN ist Führung geworden. Denn er ist dabei, die Sprache wieder ins Leben zu bringen. Die Sprache, die er als Kind in seinem Elternhaus verloren hat. *Seine Lichtsprache, die ihn alles erkennen, sehen und wissen liess.* So stand er da in seinem Elternhaus und er...er konnte nichts tun. Nichts tun, um zu helfen. Seinen Vater schwer und schwerer dem Tod so nah, sah er entgleiten und mit jedem Mal, wo dies geschah, ging ein Stück seines eigenen Lebens mit in den Tod. Nun sozusagen im besten Mannesalter lernt er die Schatten, die ihn quälen, zu sehen. Er lernt sie zu verstehen. Auch wenn das für ihn Mühsal und Schwere bedeutet.

Das Licht, das in vollen Strömen sein ist, ist oft verlockend. Er macht es sich dann leicht und geht in den Himmeln spazieren, so als wäre er kein Mensch auf der Erde.

All das kann er gut, da das geistige Leben, Forschen, Wahrnehmen sein.
SEIN diese Kräfte und ihr Wirken.
SEIN diese Kräfte und ihr gestalten.

Und wieder wieder kommt es, das Licht so irdisch und direkt und es verlangt von ihm die Füße auf der Erde zu halten. Die Füße fest auf den Boden zu stellen. Er will sich umdrehen und gehen. Er will nicht mehr sehen, was so schwer. Er ist doch ein Herr des Lichtes meint er immer mehr. Ja so ist es auch und dennoch rufen die lustlosen Tränen nach ihm. Sie suchen ihn und sie finden ihn. Denn so das Licht, jetzt die neue Zeit anbricht und all das Vermeiden nichts mehr bringt.

Das Licht, es nimmt ihn in den Arm.
Es hält ihn lang.
Und dann lässt es ihn los.
Seine Füße nun freien Willens den Boden, die Erde berühren.

Er setzt sich hin und beginnt zu weinen. Zu weinen wie nie zuvor. Er ist mit sich allein. Nur so kann es sein. Niemals vorher hat er sich so hingegeben. Niemals vorher hat er sich soweit gewagt. Sich soweit und so tief in sein Herz hinein gelassen. Er wird in die entlegensten Kammern und Winkel geführt und während dies geschieht, wird er mit seiner Schmach, seinem Versagen konfrontiert. Hier und jetzt ist es notwendig. Im Sinne von NOT WENDEN. In den tiefsten Winkeln seiner Selbst wird er mit diesen Gefühlen konfrontiert. Niemals zuvor hat er sich selbst so gesehen. So wahrgenommen und jetzt, jetzt erkennt er, dass das Licht noch nicht ganz rein ist. Noch nicht ganz klar ist. Noch nicht ganz wahr ist. Er sieht, dass er sich über andere gestellt. Dass er sich selbst hat erhellt, da wo es nicht angebracht. Er sieht, dass er sich dies selbst verzeihen muß. Das, was er sich damit angetan. Sich selbst angetan durch das Mißbrauchen des Lichtes. Er sinkt nieder auf die Knie im Erkennen seines Machtmißbrauches und während dies geschieht, wird alles still. So still. Er ist allein und so soll es sein.

Soviel Schein nun geht.
Soviel Maske bricht in tausend Teile.
Maske Licht zerfällt.
Maske Licht zerschellt und Illusionen fallen nieder auf die Erde. Gleiten hinauf in die Himmel. Verstreuen sich in alle Himmelsrichtungen. Der Tod, er kommt mit langen Schritten und berührt ihn sanft an den Schultern. Langsam öffnet der Mann die Augen und er blickt direkt in dessen Angesicht...

Ein heiliger Augenblick uns gewährt in diesem Bilde ... ein heiliger Augenblick ...

der alles offenbart und nichts mehr zurückhält. Der Mann, er lässt es geschehen und endlich, endlich können sich die lustlosen Tränen lösen. Lustlose Tränen, die die tiefe Schmach des Versagens freigeben.
Eines Versagens, das er viele viele Leben mit sich herumgetragen hat. Einst vor vielen Leben hat er ein Versprechen gegeben. Er wollte dem Licht dienen. Was er jedoch in der Enge der menschlichen Gestalt, des menschlichen Mann seins nicht einhalten konnte. Er hat es nicht geschafft als Mann seine Sexualität zu beherrschen. Ja zu beherrschen. In diesem Leben wollte er ganz und gar Gott dienen. Ganz und gar rein, fromm und unbefleckt bleiben. Dies sah er als die größte Hingabe an. Dies sah er als den stärksten Tribut an, den er zollen konnte. Das Umfeld in das er hineingeboren war, hielt ihn durch Frömmelei. Durch Hass, Neid und Mißgunst, die es geschickt unter religiösen Kleidern versteckte.
Es wurde von ihm verlangt, ja ihm schon in die Wiege gelegt, dass er den Weg eines frommen Mannes zu beschreiten habe. Für die Familie, für die Seinen. Und als er diesen Tribut nicht mehr zahlen konnte, verlor er jeden Halt, den er hatte. Die Schmach, die er damit sozusagen seiner Familie angetan hatte, vergiftete ihn vollkommen und er ergab sich dann einem Leben, das aus Lust, aus Gier und Sucht bestand.

Er, schön, klug ja ein stolzer Mann...von Frauen umringt und alle, ja alle fraßen ihm sozusagen aus den Händen. Er liess sich fallen in dieses Treiben...Gebrochen sein Leben an dieser Stelle. Tiefe Trennung hinterliess dies Leben. Trennung von Lust, Freude und sexueller Energie. Trennung, die ihn in diesem Leben in den

Himmeln gefangen hielt, um die Erde nicht von Angesicht zu Angesicht wahrnehmen zu müssen. Keine Frau konnte er frei ansehen. Keine Frau konnte er wirklich lieben. Keine Frau konnte er an sich heranlassen, wirklich und wahrhaftig in seinem Leben lassen, weil diese alte Trennung noch immer wirkte. Überheblichkeit versteckte er unter Licht. Unter Lichtmacht. Unter Lichtkraft. Überheblichkeit und Trauer, ein Gemisch, das ihn unerreichbar macht.
Sie, die Frauen lieben ihn. Sie, die Frauen mögen ihn. Sie sehen ihn und seine Schönheit tut ihnen gut. Sein Licht tut ihnen gut. Und dennoch blendet er...Er blendet sie, denn seine alte Wunde klafft breit und weit...lustlose Tränen sind entstanden und es sind viele, soviele...

Soviele
soviele
soviele...

Soviele Tränen und sie alle wollen endlich frei sein. Frei sein von einer Lustlosigkeit, die hier und jetzt in diesem Leben nichts mehr verloren hat. Von einer Lustlosigkeit, die wie eine Bürde auf ihm lastet. Einer Bürde, die sein so natürliches Sein, sein so natürliches Licht unklar werden lässt. Er nimmt seine Sexualität nicht frei an. Er nimmt dieses so unglaublich kostbare Gut noch nicht an. *Dieses Gut, das durch Bewusstheit zu einer wundervollen Kraft wird, die das Leben verändert.* Dieses Gut, das das Herz frei und in Frieden atmen lassen kann weil die freie, unbedarfte, natürliche sexuelle Kraft ihr natürliches Licht strahlen lässt. Er ist Mann und dennoch verleugnet er sein Mann sein noch. Er verleugnet es und gibt sich selbst nicht frei.

Lustlosigkeit hält gefangen. Hält ihn gefangen. Und jetzt, jetzt da dies ans Licht kommt, spürt er erst wieder, dass er nicht berührbar ist. Er fühlt, dass er da ist und doch fehlt soviel von ihm.

Dass er sehr sehr viel kann ist gewiss.
Dass er sehr sehr stark ist, ist gewiss.
Dass er sehr sehr viel Licht trägt, ist gewiss.

Und nun nun, weint er. Er weint um den Verlust seiner Lust. Um den Verlust seiner Manneslust. Er weint, weil er spürt, dass er sich so unberührbar gemacht hat. Er weint und diese Tränen, die er weint berühren ihn...
ER WIRD VON SICH SELBST BERÜHRT ...

da wo er sich nicht mehr fühlen konnte. Da wo er sich verloren hat vor langer Zeit. Da wo er sich im Stich gelassen hat aus Angst.

Alle Himmel sind offen. Und die Erde dazu. Sanft strömen die Energien der natürlichen Liebe, die alles alles Gebundene frei gibt. Die alles frei gibt, was festhält.

Versagen! Zu einem Leben geworden, das ihm vieles von seiner wahren Natur vorenthalten hat. Er hat sich selbst soviel genommen und er hat das gut versteckt vor sich selbst. Immer wenn er berührt worden ist, ist er ins Licht gegangen. Hat er den Körper, der ihm das Leben ermöglicht, ausgenommen. Dies war so ohne dass er sich darüber bewusst war.

Berührung wird nun zu Führung.

Der Körper ist spirituell. Körper Seele und Geist wollen nun ein Gefährt sein. Wollen nun gemeinsam wirken. Wollen EINS SEIN.

Die Lust und die Freude an der Verkörperung kann das Licht Gottes entzünden. Mann sein und Frau sein, wahre erfüllte Sexualität öffnet die Tore ins Paradies. Erfüllt ein jeder von sich selbst, von der eigenen Liebe...Ein jeder Mann, eine jede Frau im Paradies! Jedes Paar, das eintritt, trägt auf diese Weise den Himmel auf die Erde.
Möge jede alte Frömmigkeit und jede Verdammung im Licht HEIL SEIN. Möge in allen Menschen der Verrat der wahren Sexualität geheilt sein. "Durch ihn und mit ihm" wird der Mann befreit von alter, falscher Scham. Von altem Benutzt werden. Von alter Aufopferung, die das Geschlecht trennt vom Geist, von der Seele. Möge er dann frei wählen, was und wie er leben möchte.

Möge jede Frau, jeder Mann frei wählen können...

Tränen entstehen da, wo wir uns selbst im Stich lassen. Da wo wir für uns selbst nicht genug da sind. Da wo wir uns verletzt, gedemütigt und ausgeliefert fühlen.

Tränen! Sie wollen uns wieder verbinden mit uns selbst, da wo Trennungen entstanden sind. Die Menschheit ist voller Trennungen. Voller Spaltungen. Voller Urteil und Bewertung. Die wenigsten Menschen nehmen dies wahr. Hier nun sind die lustlosen Tränen aufgetaucht und mit ihnen kommen Themen, die lieber erst gar nicht angesprochen werden.
Der Umgang mit der sexuellen Kraft ist hier auf der Erde ein weitreichendes Thema, das sich in so vielen Erscheinungen zeigt und es liegen immer noch soviele Tabus und Tabubrüche vor. Immer noch geht es um Scham und Schuld. Um gut und schlecht. Diese herrliche, wundervolle Energie, die Mann und Frau, den Menschen hier zur Verfügung steht, wird zumeist immer noch in den Dreck gezogen. Immer noch benutzt für Spaltung, Machtspiele, Dominanz und unzählige andere Gesichter, von denen die meisten glauben, dass das Sexualität sei. Mann und Frau in unzähligen Unsicherheiten, Trennungen, Verstrickungen,...nicht zuletzt Kämpfen....

Die lustlosen Tränen des Mannes kommen nun hervor.

Sie kommen aus unzähligen Räumen des Körpers, der Seele, des Geistes.

Sie bringen unzählige Tränen anderer Menschen mit, mit denen dieser Mann gelebt hat, mit denen er lebt. Die seinen und die der anderen sind bereit sich zu zeigen. Sie sind bereit die Landschaften des Lebens und des Todes da sein zu lassen.

Die lustlosen Tränen stehen da in Menschengestalt. Es sind soviele soviele...sie tragen alle Stöcke und mit diesen schlagen sie auf den Boden. Es wird laut und lauter. Es wird mehr und mehr ein Ton...durchdringend so als könne endlich endlich etwas geschehen auf das alle schon lange warten! Mit jedem Mal wo ein Stock auf den Boden trifft, kommt die Wahrheit ans Licht. Unendlich viele Lebenssituationen, in denen Menschen Dinge tun, die sie gar nicht tun wollen. In denen Menschen sich selbst und anderen etwas vormachen. In denen sie sich selbst und andere anlügen. Lebenslust...ein Wort das hier auftaucht und doch unpassender nicht sein könnte...Lebenslust, die propagiert, ja überall beworben und drübergestreut wird...wie Zuckerguss auf Kuchen...weiße Zähne, Ebenmäßigkeit, Tip Top, alles ist möglich, schnipp schnapp,...

Hier kommt alles hoch und immenser Druck ergießt sich...Frust und Unlust schreien und stampfen laut... enge Krägen, eingeschnürte Füße, Seele allein, Herz kalt,...
Die lustlosen Tränen werfen ihre Stöcke weg. Sie sind es leid. Das Spiel ist vorbei. Gestalten durcheinander taumeln und dann einfach nur mehr weinen. Unglaubliches Weinen, das so tief hervordringt. So voller Schmerz...
Endlich...

Schmerz, der so weh tut. Der von all den Verstellungen und Ängsten spricht. Der keinen Ausdruck haben darf, weil man sonst nicht gut genug sein könnte.

Immer gibt es jemanden, der besser sein könnte, mehr sein könnte,... Unsicherheiten, Lügen, Täuschungen,...Lebensenergie, die vergiftet wird. Die träge und schwer wird. Lebensenergie, die eingesperrt ist.
Lebensenergie
Lebensenergie
Lebensenergie

Das Leben ist ihm geschenkt. Das Leben ist uns geschenkt.

Der Mann kommt auf uns zu. Offen und frei blickt er uns an. Lange hat er geweint. Lange hat er alles zusammengetragen, was er einst liegengelassen. Im Licht seiner Erkenntnisse, im Lichte seiner eigenen Liebe hat er nun das alte Buch zugemacht. Er schließt es ganz bewusst, weil er weiß, dass er alles getan hat, was zu tun war. Er hat losgelassen, da wo es angebracht war. Er hat sich selbst vergeben. Er hat die Tür zu Gott in sich selbst aufgemacht und er weiß, dass Gott immer in ihm ist. Er wohnt von nun an in seinem Haus. Im Hause Gottes.

Das neue Buch nun gebunden und bereit...

Alles was dieser Mann nun tun wird, wird sein Leben verändern. Dieser Mann, der uns die lustlosen Tränen brachte, er hat viel zu geben. Er wird für uns alle vieles befreien was im feinstofflichen Bereich ist. Er wird für uns alle so vieles in irdisches Verständnis bringen und er wird es in all seiner Kraft und Schönheit geschehen lassen. Schritte, deren Ausmass noch unvorstellbar erst im Geiste geschehen...feinstofflich wird stofflich...JA

und nun endlich dürfen auch seine verzweifelten Tränen erscheinen

WASSER

VERZWEIFELTE TRÄNEN

...Herr sein und Meister...Geliebter sein und Priester...Opfer sein und Gnade...Liebe sein und Pfand...Gelehrter sein und Held... Freund sein und Lehrer...Mensch sein und Diener...Mann sein und Liebender, Geliebter...in allen seinen Lebenstagen das eine und das andere ineinander schwingt, ineinander "singt"...das eine und das andere eins um zu gestalten die neue Erde...Himmel im inneren Gewahrsein im Außen wird zu Segen...neuer Regen zur Erde fällt und neues Wasser die Felder tränkt... ALLE FELDER. Strahlendes, pures Licht alles gießt und bewässert...er, der Gärtner des Lebens nun anlegt die neue Erde...in seinen Händen Samen der Liebe...

MANN UND FRAU FREI.
DAS KIND ERKANNT.
FREIE SCHÖPFER IN DER SCHÖPFUNG

Hier treffen wir auf einen Mann dessen Licht schon lange leuchtet. Es leuchtet durch viele viele Inkarnationen hindurch und nun hier in diesem Leben ist dieses Licht bereit alles Vergangene loszulassen. Das Licht – sein Licht es leuchte JETZT – *rein klar Ursprung.* In ihm alles was er braucht um sich ganz zu erheben, GANZ ZU SEIN, GANZ ZU LEBEN im Körper, in der Verkörperung.

Die verzweifelten Tränen sind des Mannes Gut, das er einbringt, um alles zu erlösen, was noch nicht ganz frei. Was noch nicht ganz dem Himmel anvertraut. Er, ein Schwärmer, ein Poet, ein Sänger, ein zutiefst inniger Mensch nun in diesem Leben alle Begrenzungen berührt. Alle Grenzen wahrnimmt. Er geht ganz nah an sie heran, schaut sie an in Liebe und Gleichmut, was ihm selbst so gut tut. Und so werden Begrenzungen und Grenzen zu Öffnungen, die aus sich heraus soviel Wissen und Weisheit preisgeben. Er hier - dieser Mensch im Manneskleide – kennt die Grenzen und Begrenzungen der menschlichen Strukturen. Es ist ihm ein Herzenswunsch dies sichtbar und erfahrbar zu machen. Zum Wohle eines jeden Menschen, zum Wohle der Gemeinschaft.

Sein Sinnen und Bestreben dahin geht, wo die Liebe wohnt. Wo die Liebe wartet auf die Ankunft derer, die bereit sind sie anzunehmen.

Verzweifelte Tränen! Er kennt sie, da er derer viele geweint hat. Und er weiß wielange es dauern kann im Gefängnis der Verzweiflung gefangen zu sein. Oh es kann sich ewig anfühlen bis eine Träne fliesst. Eine einzige Träne dieses Gefängnis verlassen kann. Er kennt sie alle die Gefängnisse der Verzweiflung und es sind derer viele, die existieren. Von diesem Gefangensein dringt wenig nach außen – vermeintlich - da sich dies zumeist in den Gedanken und Gefühlswelten abspielt. Sehr gut versteckt vor sich selbst. Den meisten Menschen ist nicht einmal ein bißchen bewusst, wie gefangen sie sind. Es ist ihnen auch nicht bewusst, dass alles um sie herum – die sichtbare Welt und deren Erscheinungen – viele Anteile und Ausdrucksformen ihres inneren Gefangenseins spiegeln. Und so bewegen wir uns hier mit den verzweifelten Tränen in Gewässern der Unbewusstheit, die den wahren Atem des Lebens ertrinken lässt.

Der wahre Atem des Lebens fliesst frei, rein, ungehindert. Er fliesst aus sich selbst heraus. Braucht und kennt keine Grenzen, da dies seinem Wesen nicht angehört.

Wahrer Atem... SEIN WESEN.. BEWUSSTSEIN ist frei von begrenzenden, illusionären Gedanken und Gefühlswelten. Ist frei von Einengung und Begrenzung. Dieser Atem durchfliesst das Wesen Mensch. Immer. Auch wenn diese Wahrnehmung nicht wahrgenommen wird.

Der Mann, der uns hier seine Tränen zeigt, bringt sie mit seinem neuen Bewusstsein. In vielen Tagen dieses Lebens war er der Verzweiflung näher als allem Leben. Er fühlte sich oft ausgeliefert. Denn Verzweiflung kann zu einer unsagbar großen Macht werden. In den Feldern der meisten Menschen ist viel Verzweiflung eingesperrt, ohne dass sie es fühlen. Er, er spürte sein anwachsendes Verzweifeltsein und das derer um ihn herum und lange lange gelang es ihm nicht, loszulassen.

Tiefe Dunkelheit hat ihn oft lange Wegstrecken gefordert, ja wieder verzweifeln lassen. Und oft hat er gemeint diesem seinem Gefängnis nicht entkommen zu können. Soviel Traurigsein kam dazu, soviel Trauer. Und insbesondere sein Vater wurde für ihn, den Sohn zur Last, zu einer permanenten Belastung. Der Vater in seinen eigenen Gefängnissen aus Schuld und Scham, aus Verleugnung und Verrat verstrickt wurde immer verzweifelter, weil er keinen Weg, keine Auswege fand.

Und so trug der Sohn lange Zeit Lasten seines Vaters, damit dieser überhaupt überleben konnte. Dies geschieht unter Menschen ständig. In völliger Unwissenheit wird all dies gelebt. All das enstpringt den kollektiven Verstrickungen. Dem kollektiven Geblendetsein. Dem kollektiven Schlaf.

Das Erbe der Ahnen darf nun gesehen, anerkannt und losgelassen werden.

Dieser Mann, ein Liebender, hat sich vorgenommen alles zu erlösen. Er wählt für sich nicht immer den leichtesten Weg. Obwohl Hilfe, treffender im Jetzt gesagt, Dienst für ihn bereitgestellt ist, geht er zumeist lieber allein. So gleitet er durch die Tage im Gewahrsein seines Bewusstseins. In seinen Tiefen ereignet sich immense Veränderung und die Umgestaltung vom alten Mensch zum neuen Mensch nimmt seinen Lauf.

Immer noch Verzweiflung in ihm. So tief versteckt in Kammern seines Bewusstseins. Nicht leicht dies zu entdecken, die Verkleidungen zu durchschauen. *Und doch geschieht es. Zum richtigen Zeitpunkt am richtigen Ort.* Öffnungen sich nun von selbst ergeben, weil es kein Zurück mehr gibt. Kein Aufhalten mehr...

TRÄNEN FLIESSEN WÄHREND ER SICH UND SEINE LIEBE GIBT UND NIMMT. DAS ALTE VOLLENDET. DAS

NEUE OFFEN UND WEIT - BEREIT. SEIN LEBEN ERFÜLLT VON SEINER GANZEN LEBENSENERGIE NUN EINS. ER IST...WUNDER GNADE LICHT... GOTTES SPRACHE AUF ERDEN

FRIEDEN

ALTE TRÄNEN

Botschaften der alten Zeiten durch ihn erscheinen... sich einen mit dem Neuen und unvergleichlich wirken im Hier und Jetzt...Botschaften der alten Zeiten, die klar und deutlich jetzt Übersetzung finden...durch ihn im Jetzt einsehbar, ja erfahrbar...vieles durch ihn gewandelt, neu gehandelt...seine Seele am Werk des Einen baut auf dass die Liebe erschaffe...die Liebe erwache...seine alten Tränen kostbares Gut...neue Wege, neue Leben, neue Saat...Wegbereiter... befreiter Mann...sein Feuer soviel Kraft Liebe für seines Gleichen entfacht...ein Mann der seine Brüder liebt...

HEILER MANN
MEISTER UNTER MEISTERN

Als Kind hat er sich vorgenommen ein großer starker Mann zu sein. Ja und das ist ihm auch gelungen. Groß, kraftvoll, männlich hat er allen gezeigt, was in ihm steckt. Was er alles kann. Er hat sich selbst bewundert und er wurde bewundert. Immer wieder, so quasi ein Lied auf den Lippen, hat er seine Größe und seine Männlichkeit demonstriert. Es ist ihm gut gelungen Bilder von sich zu erschaffen, die alle glauben liessen, was er sie glauben lassen wollte.

Er wollte, dass die Menschen glauben, dass sie alles schaffen können, was sie wollen. Dass sie alles tun könnten, was sie wollen. Dass ihnen das Leben jeden Tag aufs Neue vollkommen offen sei. Ja und dies waren edle Absichten seiner Seele, seines Geistes. Und obwohl er all diesen Segen mit sich trug, trug er lange schon auch Teile mit sich, die er vor sich selbst versteckte. Die er sich selbst nicht eingestehen konnte. Die er gut getarnt hinter seiner Kraft verborgen eingeschlossen hielt. Dies tat er nicht mit Absicht. Oder gar in böser Absicht. Intellekt und Überlebensmechanismen prägten viele Leben diese Verhaltensweisen.

*Eingeschlossen
eingeschlossen
eingeschlossen...*

Eingeschlossen verströmt sich nun und es tut weh...so weh. Alte Misshandlungen. Emotionale Verhärtungen. Schweigende Gesichter, schweigende Körper. Uralter Verlust, der nie betrauert. Nie beweint. Nie zugelassen.
Wunden, die in feinstofflichen Bereichen entstanden und dort hinterlassen wirken. Wunden, die vom Menschen nicht mehr wahrgenommen werden, weil der Zugang fehlt. Die Verbindungen getrennt.

Schwer wird es hier, so schwer und Ratlosigkeit paart sich mit Hilflosigkeit. Viele alte Schichten von Bewusstsein liegen hier übereinander. Felder aus Licht und dennoch enthalten sie Licht, das schmerzt. Das schneidet und weh tut. Licht, das manipuliert hat und das als Manipulation nicht erkannt wurde. Hier und Jetzt taucht alles auf, was ungesehen. Was ungeheilt. Was getrennt und auch das Licht entlässt so wie alles andere auch das Alte.

Das alte Licht, das alte Lichthierarchien, spirituelle Wertverstellungen und Vorstellungen zuließ, um an der Macht zu sein und zu bleiben.
Gold taucht hier auf. Viel viel Gold. Viel viel Macht, die durch Handhabung spiritueller Praktiken und durch altes Wissen Menschen manipuliert und geführt hat. Macht, die Menschen benutzt hat anstelle sie zu fördern, zu unterstützen. Hier sind wir in Feldern unterwegs, die nicht gerne gesehen, geschweige denn betreten werden. Sie sind überall in der Menschheit zu finden, wenn man sie finden will. Sie sind spürbar überall, wenn man sie spüren will. Und doch ist es so als würden die meisten Menschen die Augen immer noch verschließen vor Offensichtlichem und wieder einmal taucht dieses Unverständnis auf, das sich nicht erklären kann, warum dies so funktioniert.

Warum verschließen soviele Menschen die Augen vor dem Offensichtlichen? Wie kann es sein, dass sie sich so dumm machen. Wie kann es sein, dass Verleugnung so krass aufrechterhalten wird. Die Verleugnung von Macht und Machtmissbrauch.

Hier nimmt uns nun der Mann an der Hand. Er nimmt uns mit, obwohl er selbst auch nicht weiß, wohin der Weg geht. Ja und dies, dies ist eine seiner größten Gaben. Er geht. Er geht weiter und nimmt mit, die die mitkommen wollen. Er ist da. Dieses Dasein, seine Präsenz, erlaubt es das Leben weiter und weiter zu erforschen. Hier wird nun klar, dass es darum geht sich einzulassen. Da zu sein, um die Landschaften des Lebens ausdehnen zu können.

Die alten Tränen des Mannes weisen den Weg. Sie sind klar und deutlich zu sehen. Sie sind klar und deutlich präsent. Lange haben sie darauf gewartet hier und heute da sein zu dürfen. Er, der Mann...auch er hat lange darauf gewartet hier und jetzt sein Zeugnis abzulegen. Er ist lange und weit gegangen. Er hat lange geforscht und gearbeitet. Sein Bewusstsein hat er geschult, befreit, ausgedehnt. Um nun...nun mit seinen alten Tränen diesen Weg zu gehen.
Die alten Tränen haben enorme Kraft so scheint es und allein ihre Anwesenheit lässt aufatmen. Diese Tränen fühlen sich anders an als die anderen Tränen. Es ist als würden sie ein Tor sein. Ein Tor, das schon lange nach uns ruft.

Willst du mit gehen? Ich will. Soviele Tränen sind mir nun schon begegnet. Diese hier lassen mich ein tiefes Vertrauen fühlen. Ein Vertrauen, das so scheint es, von den alten Tränen berührt wird. Der Mann selbst scheint diesem Vertrauen zu folgen, sich davon führen zu lassen. Die Wege, die wir gehen, sind mir zuerst vertraut. Je länger ich atme und je mehr ich einfach da bin mit meinem Atem, ihm und den alten Tränen, umso mehr fühle ich wie sich alles verändert und ich stimme dieser Veränderung einfach zu...ich lasse die Veränderung geschehen und ja es ist leicht, einfach, mühelos...DER ATEM, mein Dasein, sein Dasein, ... VERTRAUEN...

langsam

*langsam
langsam...*

Wir kommen in einen riesigen Raum voller Licht. Von oben strömt es herab und alles, alles was davon berührt wird, IST LICHT. Es ist als würden sich hier immer schon und ewig jene treffen, die sich wahrlich etwas zu sagen haben. Die wahrhaftig miteinander kommunizieren wollen. Kommunizieren auf eine Weise, die weit, licht und sehr sehr ätherisch ist. Spürst du während du liest den leisen, sanften, weichen Hauch...den Seelenschimmer...

...wie sonst könnte diese *Echtheit der Erscheinungen* benannt sein...*Seelen sprechen...Seelen weben Licht...*

Alles ist präsent. Alles. Es gibt nichts, was hier nicht ist. Auch das Nichts ist hier und nun lachen viele viele Stimmen gleichzeitig voller Freude über diesen Scherz, der doch so wahr ist! Hier ist es so phantasievoll anregend...und ja nun geht es darum sich wieder zu erinnern, dass uns der Mann mit den alten Tränen an der Hand genommen hat. Warum sind wir hier, warum hierher gegangen?
Der Mann setzt sich und die alten Tränen tun es ihm gleich. Würdevoll und ein wenig müde. Alt, so alt sind die Tränen. Der Mann und die Tränen, sie gehören zusammen. Schon sehr sehr lange sind sie unterwegs durch die Inkarnationen. Und hier in dieser Phase des Lebens, seines Lebens lässt der Mann nun die alten Tränen los. Hier und jetzt lässt er sie los. Die Tränen, sie wussten darum. Sie sind nun frei. Auch er, der Mann: Frei.

Es geschieht. Obwohl es ganz unvorbereitet, ist es von langer Hand geplant, genau zum richtigen Zeitpunkt. Der Mann hat seinen Auftrag vollendet. Es ist als würden viele Lasten von ihm genommen und ja so ist es auch. Die alten Tränen fliessen nun über den Grund des Raumes. Sie versickern mehr und mehr und bald sind sie ganz verschwunden. Der Grund und Boden des Raumes hat sie ganz aufgenommen, angenommen. Es ist still, unsagbar still. Nichts scheint sich zu regen, zu bewegen.

Es geschieht in der Stille, im Nichtstun.

Die alten Tränen sind zwar nicht mehr sichtbar, doch präsent. Sie berühren eine jede Seele. Jetzt. Sie berühren einen jeden Menschen in seinem Grund und Boden. Der Grund und Boden einer jeden Seele hat auf diese Berührung gewartet.

Lange lange Zeit darauf gewartet.
Diese Berührung berührt das Bewusstsein, das jedem Menschen innewohnt. Wie immer nun der Mensch mit dieser Berührung umgeht, wird sich zeigen.
Die alten Tränen zeigen sich nun nocheinmal ganz. Sie öffnen die Augen und schauen uns direkt an. In diesen Augen leuchtet das Licht der Seele. Der EINEN Seele. Wenn wir uns trauen hineinzusehen, sehen wir dieses Licht. Das EINE Licht aus dem alle Schöpfung hervorging. Dieses Licht, du kannst auch sagen Gott oder die Quelle oder die Natur allen Lebens...wie immer du willst, zeigt wie weit wir vom Weg abgekommen sind und wie weit wir uns in den menschlichen Irrgärten verloren haben.

Die alten Tränen haben dieses Wissen um dieses Licht hierher getragen, damit es JETZT endlich wieder unseren Grund und Boden berühren kann. Die alten Tränen sind es, die den Schmerz des Getrenntseins gehütet haben, damit er sich jetzt allen, die es wollen, offenbaren kann.

Schmerz, der in jedem Menschen wütet und Unheil hervorbringt. Schmerz, der mit aller Kraft verdrängt wird. Der alle Täuschungen unterdrückt und das wahre Leben - reines Bewusstsein - erstickt.
Schmerz, der festhält und der die Menschheit an einen Abgrund geführt hat.
Schmerz, der die Menschheit, ja die Existenz der Menschheit und der Erde bedroht. Schmerz, der den einzelnen Menschen von sich selbst,von den anderen trennt.
Schmerz,der den Menschen von Gott, der Quelle trennt.
Uralter Trennungsschmerz entsteigt den tiefsten Tiefen.
Die Zeit dafür ist gekommen.

Der Mann steht nun auf. Er geht im Raum herum und blickt auf die imaginären Wände. Auf Wände, die Wände sind und irgendwie doch ohne Form. Erscheinungen zeigen sich fast so wie Bilder...fliessendes Gleiten, dahinfliessen von Energie, von Licht, von sehr sanften ätherischen Farbtönen...es tut so gut...so gut...die formlose Welt und die Welt der Formen...beide Welten existieren und endlich endlich hat das Formlose durch den Menschen wieder Raum...

Der Mann und die alten Tränen.

Sie waren lange zusammen. Jetzt, da er die Tränen losgelassen hat, kann der Mann sein Leben frei, wirklich frei gestalten. Die Essenzen seiner Erfahrungen werden von ihm fliessen...Ströme lebendigen Lichtes, Ströme heilsamer Liebe. Er hat seinen Dienst in die Welt gebracht und wird nun hier im Kreise seiner geistigen Brüder und Schwestern, der neuen Meister, ganz eintreten in seine Meisterschaft. Dies wird zum Wohle aller geschehen.

Jeglicher Missbrauch von Licht wird durch sein Dasein erkannt und dem Wandel zugeführt. Alle feinstofflichen Räume werden gereinigt und im klaren Licht des Meisterherzens enthüllt. Enthüllt die inneren Himmel, um mit der Erde eins zu sein. *Feinstofflich und stofflich neu geboren durch die Liebe des Meisters.*

Die alten Tränen haben in ihm die Essenz klarsten Lichtes hinterlassen und dieses Licht strahlt nun in ihm und von ihm auf dass es nähre, segne und erfülle.

So ist er gedacht.

Dank sei Gott
TRÄNEN FLIESSEN WÄHREND ER SICH UND SEINE LIEBE GIBT UND NIMMT. ALLES LOSGELASSEN LÄSST ALLES ERSCHEINEN. ER IST ZUHAUSE ANGEKOMMEN. SEINE LIEBE VERWIRKLICHT LEBT ER MEISTERSCHAFT. MEISTER SEELENSCHIMMER SEI SEIN NAME...

PERLE

VERLASSENE TRÄNEN

Sagenhaft die eigene Verleugnung...entwurzelte männliche Kraft sich selbst verdammt, sich selbst anzweifelt...Versagen reiht sich an Versagen... überdeckt von altem Leid der Ruf der neuen Zeit übertönt. Ausgeblendet jede Regung, jedes Gefühl das erinnert, dass das Herz berühren will. Herzschmerz erstickt, Herzschmerz alleingelassen irgendwo. Herzschmerz weint und will nach Hause zu ihm...will zurück ins Herz, das verlassen schlägt und wartet auf die Stunde der Heimkehr. Heimkehr schon lang erwünscht, schon lang ersehnt. Lässt er es zu wieder ein zu Hause zu haben! Lässt er es zu wieder ein Herz zu haben! Die Zeit entgleitet. Der Augenblick der Wahrheit ist jetzt.

ER ÖFFNET SICH

Verlassene Tränen sind nun präsent. Präsent, indem der Mensch zu dem sie gehören hier erscheint. Er, der Mann ist da und mit ihm auch die Tränen. Sie sind da und ja sie sind spürbar. Doch nur, wenn man ganz ganz tief hineinhorchen kann in die Energien. Das ist hier gar nicht leicht, denn die Tränen sind nicht interessiert daran, wahrgenommen zu werden. Der Mann ist auch nicht daran interessiert die Tränen wahrzunehmen. Er hat sie verlassen vor sehr sehr langer Zeit und wenn ihn etwas daran erinnert, schließt er die Augen. Ja nicht daran denken und ja nicht fühlen. So lebt er. Er hat nicht viel, leidet unter sehr großen körperlichen Schmerzen.

Er tut und macht und lebt und atmet und tut und macht und lebt und atmet...er ist da und obwohl er da ist, ist er nicht da.

Ja so ist das mit ihm. Und so ist dies schon lange. Hier so zu schreiben, sein Leben so erscheinen zu lassen, ist gar nicht einfach. Es ist als würden sich Schleier verschieben von hier nach da. Seine Mutter taucht auf, so als müßte sie die Situation überprüfen und auch ihr scheint es nicht recht zu sein, hier etwas hervorzuholen, was solange verschwunden. Diese seine Mutter hat er sehr geliebt. Eine Liebe, die absonderlich war und in die man gar nicht hineinblicken kann. Tief und dunkel scheint sie zu sein, so uneinsehbar. So schwer. So als hätten sich zwei Menschen verbündet, weil es die einzige Möglichkeit war zu überleben. Wenn wir so tief und weit ins Leben eindringen, erkennen wir, dass Menschen sovieles tun, um das Leben überhaupt zu ertragen. Um es überhaupt leben zu können. In der äußerlichen Welt ist das meiste davon nicht sichtbar, weil die Trennungen von den Wahrnehmungsmöglichkeiten zu groß sind. Es entstehen ganz eigene Gefühls- und Gedankenwelten, Verhaltensweisen, Dynamiken, ja Verquickungen, die nicht einsehbar sind.

Dieser Mann ist da mit seiner Geschichte und ja sie kann erzählt werden. Sein Leben sowie jedes andere Leben kann auf diese Weise sozusagen dokumentarisch widergegeben werden. Ja und gleichzeitig ist da die Geschichte, die er in sich erzählt und die hat noch nie jemand gehört. Diese Geschichte ist ganz anders als die, die dokumentiert wie er sein Leben verbracht hat. Er in sich hat sein Leben vollkommen anders wahrgenommen. Vollkommen anders erlebt. Es ist als würden zwei Leben beschrieben werden und nicht eines. So war es schon immer mit diesem Mann.
Die verlassenen Tränen sind an Orten zurückgeblieben, die dunkel und trüb erscheinen. Es ist schwer die Augen überhaupt in jene Richtungen zu lenken. Es ist schwer die Augen überhaupt offen zu halten. Immer wieder hört man zwar ein leises Weinen und das Bild eines kleinen Jungen in der Finsternis taucht auf. So als würde ein Scheinwerfer zufällig auf ihn leuchten, was ihn zu Tode erschreckt. Dann wieder totale Finsternis und Wasser, das tropft. Dieser Junge ist dort in dieser Finsternis vollkommen allein.

Dieser Junge ist immer noch in diesem Mann. Dieser Junge verlassen, alleingelassen, zurückgelassen.

Von den Erwachsenen im Stich gelassen. Im Stich gelassen von einer Welt, die scheinheilig und frömmelnd nach Außen Gutmensch sein demonstriert. Hinter den Kulissen harter Kampf, tiefer, weiter, dunkler Streit, Betrug, ja Entwertung. All dies überdeckt von sogenanntem bürgerlichem Idyll und der katholischen Kirche, die natürlich immer wieder aufgesucht wird. Und er, der Junge soll funktionieren. Soll dem Bilde aller entsprechen.
Und er, er tut es nicht. In ihm schon bald revolutionäre Gedanken und Gefühle so als würde Feuer in ihm brennen. Seine Augen sehen. Sehen Unrecht und Betrug. Sehen Schein Heil. Sehen das Gift, das Menschen zerbricht. Eine bessere Welt will er finden, will er gründen. Geboren in ihm Revolution!!! Im wahrsten Sinn Selbstermächtigung.

Und so treibt sein Kindheitsschiff dahin. Er in sauberen neuen Kleidern bei sauberen fleissigen Eltern, in einer sauberen feinen Familie. So wird auch aus ihm ein feiner Pinkel. Der Revoluzer und der feine Pinkel ein Gemisch, das in der Pubertät ganz erinfach für Sprengstoff sorgt. Die abgöttische Liebe seiner Mutter ebenfalls enormer Sprengstoff. Der Sohn ihr Heiligtum! So quasi stellvertretend für all das andere Unheil, das ihr in ihrer Ehe, in ihrem Leben wiederfährt...

Hier brauchts eine Pause. Eine Atempause. Auf dass das Gesprochene verströme und sich bewege...

Verlassene Tränen ziehen weite Kreise. Sie fangen an ein Eigenleben zu führen. Sie übernehmen schon bald das Ruder des Lebensschiffes.

Eines Schiffes, das aus so vielen widersprüchlichen Energien gebaut...zum einen der Supersohn und Sunnyboy...zum Anderen der Verweigerer und Protestler... eine verkorkste Mischung, die die unterschiedlichsten Ambitionen hervorbringt. Und so steht er sich selbst im Wege und da die Schmerzen groß, die Themen elementar gibt er sich verschiedensten Süchten hin. Immer wieder erlebt er, dass er scheitert...was natürlich nicht zu einem guten Sohn aus gutem Hause passt. Ein Teueflskreis entwicklelt sich. Immer wieder die Hilfe der Mutter, die Hilfe des Vaters, der jedoch nicht aus freiem Herzen gibt. So gerät dieser Mann mehr und mehr hinein in seine Scheinwelten. In die Scheinwelten derer um ihn herum. In die kollektiven Scheinwelten. Seine Sicht, sein Seelenstreben verschleiert...sein Lebensschiff immer wieder in den Fluten des Meeres verschwindet. Von Mal zu Mal das Auftauchen schwerer...

Seine Geschichte endet hier, obwohl sie weiter geht. Er ist am Leben, er lebt. Er ist unter den Menschen auch heute noch. Und doch ist er längst gegangen und nicht mehr zurückgekommen. Noch nie hat er wirklich gezeigt wer er ist. Noch nie hat er gesagt, was in ihm vorgeht. Noch nie hat er sich offenbart. Er ist da und doch kennt ihn niemand. Er ist da und doch ist er weit fort.

Sein zu Hause hat er zurückgelassen. Seine Tränen hat er zurückgelassen. Sein Herz, es liegt verloren auf der Erde. Und so bleibt nichts zu tun als all dies einfach zu lassen. Es bleibt nichts zu tun als dies einfach so anzunehmen wie es ist.

Wer ist dieser Mann, was ist sein Begehr? "Alte Seele", rufen andere Seelen...sie rufen schon lange, doch er hört sie nicht. Er hat sich selbst verlassen und einzig er entscheidet, ob er zu sich selbst zurückkehrt. Wann immer dies geschieht, entscheidet nur er allein. So gleitet er durch die Tage wie viele andere Menschen auch, die sich selbst verlassen haben.

Der Moment der Wahrheit ist jetzt.

Und so breitet sich der Segen der göttlichen Präsenz aus. Einzig die Gegenwart hat die Kraft ihn im Hier und Jetzt willkommen zu heißen. Dies gilt für ihn und alle Menschen. Möge das Menschsein ihm jetzt frei werden von allem Leid, von jedem Schmerz. Möge die Gegenwart die Führung übernehmen.

"Bruder, kehre ein"...Brüder und Schwestern im Geiste das Licht entzünden...Der Vater und die Mutter EIN HAUS – DAS HAUS DES HERZENS.

TRÄNEN FLIESSEN WÄHREND ER SICH UND SEINE LIEBE GIBT UND NIMMT. SEIN HERZ DEN WEG FINDET. NICHTS MEHR BINDET. VERLASSEN WIRD ZU LASSEN. ALLES KEHRT HEIM – ZUHAUSE IST JETZT...

HERZ

VERBOTENE TRÄNEN

...kalt frisst sich der Frust der Eltern in sein Herz... alter Schmerz in ihn tropft unentwegt immerfort... Seine Kraft von Anfang an gebunden an den Mutterschoß. Kein Entrinnen dem Sog Sohn sein und mit voller Gewalt Sohn sein wollen. Gewalt um ihn herum, die ihn blind und taub macht. Hart und mürbe gleichermaßen. Hoher Anspruch hoher Sohn...und gleichzeitig soviel alter Spott und Hohn...die Mutter ihn knechtet schon als Kind...lächerlich macht sie ihn. Der Vater grob und laut. Und er er wird ein Herr...das Leben für ihn so schwer. Erstickt sein eigen reines Kleid, das er mitgebracht. Nun wird es gesehen...

GESEHEN ER KANN ES ANZIEHEN WENN ER WILL

Tage verrinnen in der Hoffnung. Einer Hoffnung, die wie Klebstoff an den Türschwellen haftet. Auf dass er sie weder überschreite noch auf dass er eintrete noch über sie hinausgehe. Er ist nicht drinnen, ist nicht draußen. Sein Leben im Körper, im Wohnhaus und doch nicht ganz hier. Lange wandert er schon auf der Erde und in den Himmeln...sein Herz so schwer geworden. Seine Lebenssäfte so dicht und verdichtet. Dass er sich weder spürt, noch hört, noch...

Viele Wesen an seiner Seite aus den Reichen seiner Herkunft und doch in ihm das alte Vergessen, das alles, alles ünerschattet. Alles in Finsternis taucht, da wo eigentlich das Licht wohnt. Der Schmerz in seinem Herzen so groß...und ja er trägt ihn und einzig seine Unbewusstheit lässt zu, dass er diesen Schmerz überhaupt erst tragen kann.

Viele viele Leben lang will er diesen Schmerz schon hinlegen auf die Erde. Will er ihn loslassen auf dass er ihn anschauen, ja wahrnehmen kann. Und dennoch ist es ihm bis jetzt noch nicht gelungen. Auch wenn das jetzt so erscheint, so wissen die Schreibende und er - dessen Tränen sich hier zeigen - dass nun ein neuer Abschnitt seines Lebens beginnt. Ein neuer Abschnitt, den er in der verkörperten Welt oder in der unverkörperten Welt freilegen wird. Viele Entscheidungen nagen schon lange an seinem Herzen und erst jetzt...langsam kann er fühlen, dass er es ist, der diese Entscheidungen in seinem Leben annehmen darf.

Soviel alter Schutz, so viele alte Wunden haben ihm den Zugang zu seinem ENTSCHEIDUNGSPOTENTIAL versperrt und jetzt...da das Licht die Erde mehr und mehr berührt...berührt es ihn an seinem Ent scheiden...

Wie immer sich dieser Prozess nun gestaltet, er ist nun in Fluss gekommen...und alle ja wahrlich alle - jene hier und jene im Diesseits - sind sehr sehr froh darüber. Er, ein Sohn aus edlem Hause, in vielen vielen Leben sosehr bemüht ums Leben, hat er vollkommen vergessen, was er im Kern ist. Was er im Kern so oft schon mitgebracht. Und so öffnen sich nun die Türen. Die Türschwellen dürfen nun und können nun überschritten werden. Seine Entscheidungskraft macht das möglich und er...er wird staunenden Herzens bemerken, dass ER mehr da ist. Und dies wird ihn das Geschenk des Lebens berühren lassen. Ja er kann es neu auf sich zukommen lassen! Auf dass er endlich wieder sein Wesen, sein liebendes Herz spüren kann.

Alte Gespenster haben sich solange in ihm gehalten, haben ihn eingesponnen. Haben ihm den eigenen Wert geraubt, um ihn gleichzeitig an einen Wert und Werte zu binden, die ihm den Lebenssaft entzogen. Seine Tränen wachen auf.

Sie, die er schon solange ersehnt in seinem tiefsten Herzen, werden hier und jetzt berührt und während sich die Worte nun endlich ergießen - die Schwelle überschritten ist - berühren Tränen von außen die Tränen in seinem Inneren. In den Herzen begegnet sich ein neues Bewusstsein und nun, nun bewegen sich die Energien.

Die Tränen reiben sich die Augen wie kleine Kinder, wenn sie lange geschlafen haben. Und ja sie sehen aus wie kleine Kinder, die in einer großen Stube ganz lange in ihren Betten gehalten wurden. Ganz verwundert sehen sie sich um...so als würden sie sich erinnern, dass sie leben. Dass sie einen Körper haben und da sind. Er, dieser Mann in diesem Leben zerbrochen in viele Teile, kann all seine inneren Kinder ansehen, wenn er will. Er kann sie anschauen und erkennen, dass sie überlebt haben in seinem Inneren.

Er als Kind in diesem Leben von seinen Eltern, von Vater und Mutter schwer gedemütigt kann sie ansehen die Kinder!

SOVIELE KINDER...

... eingeschlafen durch das Gift der verbotenen Tränen. Der Tränen, die er nicht weinen konnte aus einer unsagbaren Scham und Verletzlichkeit heraus. Aus der Scham und der Schmach, die ihm seine Mutter in ihrer alten Sohnesmutterliebe aufgebürdet hat. Sie, die ihn an sich heranzog viel zu weit und die ihn dann weggestoßen hat. Ja die ihn auch lächerlich gemacht hat wegen seinem Geschlecht! Ein Spiel, das ihn zutiefst getroffen hat. Vom Vater bewertet für das, was ihm die Mutter beigebracht hat und was mit ihm selbst gar wenig zu tun hatte. Vom Vater und der Mutter lächerlich gemacht, weil er ein träumendes Kind war, das in der Schule aus dem Fenster geguckt hat. Niemals hat ihn jemand gefragt was er da sieht. Was er denkt und fühlt. Und so immer wieder einer stupiden Lächerlichkeit preisgegeben, hat er sich eingeschlossen in sich. Und seine Tränen dazu. Er hat sie sich verboten. Sein Leben geprägt durch Verbote und Gebote. Dabei sich selbst verloren.

Tränen...kleine Kinder, die weinen weil der Vater brutal zuschlägt. Kleine Kinder, die weinen, weil der Vater gar nicht da ist. Kleine Kinder, die weinen, weil das Herz des Vaters erkaltet ist. Keine Wärme darin. Kein Feuer der Liebe, das brennt. Unter Verbitterung und Schmerz fast ganz verschlossen das Vaterherz.

Tränen, die die Mutter schützen wollen und den Vater dazu, obwohl sie ihn immer wieder verraten. Die Mutter schlägt ihn nicht selbst. Sie sorgt dafür, dass er geschlagen wird. Ja und sie stülpt sich über ihn mit ihrer ganzen Muttersohnliebe. Er hat keinen Raum. Kann keinen Respekt entwickeln für sich. Keine eigenen Schritte machen. Verbotene Tränen...so unbekannt ist er sich selbst. So unbekannt ihm sein wahres Wesen. Sein reines Herzenskleid. Sein Begehr mit dem er diesmal zur Erde gekommen ist. Viele Engel erscheinen nun um ihn herum. Lichtvolle Wesen aus den Anderswelten kommen dazu. Wundervolle Tiere und herrliche Naturwesen. Er schaut auf... endlich wacher begegnet er dem Licht, dem Leben...

SEINE SPRACHE IST DIE DER ANDERSWELT. SEI ES IHM GEWÄHRT SIE ZU HÖREN. DAMIT ER SIE WIEDER SPRECHEN KANN.

Er ist ANDERS und das ist ihm in seinem Herzen nicht bewusst bis jetzt. Er ist anders und sein Anderssein wartet schon lange auf ihn. Sein Leben möchte sich für ihn öffnen auf dass er die Türschwelle überschreite in sein Land, sein Reich. Seinen Seelenhain. Hier findet er alles was er braucht und was ihn ausmacht. Seine Suche endet hier und sein Leben beginnt im selben Moment. Wunderschön seine Potentiale, seine Seelengaben...

TRÄNEN FLIESSEN WÄHREND ER SICH UND SEINE LIEBE GIBT UND NIMMT.... SEIN REINES KLEID UND SEIN WAHRES WESEN BEGINNT ZU WIRKEN. WAS WIRD ER ENTSCHEIDEN ... DIE KINDER LACHEN ... VON NUN AN SIND SIE BEI IHM AN ALLEN TAGEN ... WO IMMER ER IST ... UND ER LERNT ENDLICH GUT ZU SEIN ZU SICH

ZUNEIGUNG

VOM OZEAN DER UNGEWEINTEN TRÄNEN

Die Tränen der Männer, ihre Seelen, sind es, die hier sprechen. Die hier den Wunden und Verletzungen Raum geben. Ihre Seelenräume haben sich für uns alle geöffnet.

Jetzt können auch wir uns dem zuwenden, was in uns schmerzt. Was solange schon weh tut. Heilung möchte geschehen. Hier und jetzt darf endlich die Kraft im einzelnen Menschen wieder wach werden, die es möglich macht, sich dem eigenen Leid zuzuwenden. Die Kraft, die ermöglicht das eigene Leid anzunehmen. Die Kraft, die ermöglicht Verantwortung für sich selbst zu tragen. Für das eigene Leben.

Die Kraft, die endlich das Ungewollte, das schon ewig Abgelehnte,
DAS VERLEUGNETE, da sein lässt.

AlLLE Erfahrungen meines Lebens haben mir diese Reise möglich gemacht. Haben mich an diesen Punkt meiner Reise geführt. An diesen Ort, an dem ich nun bin. Die Tränen haben sich bewegt. Haben vieles ans Licht gebracht. Durch viele Landschaften bin ich gekommen und jetzt...Hier ist es ein wenig seltsam. Es gilt die letzten Schritte zu gehen. Meine erste Reise mit den ungeweinten Tränen geht zu Ende. Gleichzeitig fühle ich, dass die Reise weitergeht. Sie wird Neues erschaffen. Im Inneren. In mir, in dir, in uns allen. Im Außen. Was wird alles ins Leben kommen.... *Schöpfung, die erschafft.*

Deine Reise hat die ungeweinten Tränen der Männer in dein Leben gerufen. Du hast deine ganz eigene Reise gelebt und erlebt. Du hast viele Landschaften des Lebens durchwandert. Auch du bist hier angekommen ...
Nun zeigt sich der *Ozean aus ungeweinten Tränen* voll und ganz. Du kannst ihn ansehen und wahrnehmen. Er ist groß und weit.

Mich hat er immer wieder aufgenommen und eine Weile mitgetragen. Er hat sich in vielen Gesichtern, Bildern und Tönen gezeigt. Tiefe Einblicke hat er frei gegeben. Blicke auf die Herkunft von Schmerz und Verletzung. Blicke auf Gedanken, Handlungen und Emotionen, die Gewalt tragen und Manipulation. Blicke darauf wie der Mensch mit sich selbst und anderen umgeht. Blicke auf das Entstehen tiefer Wunden.

Erkenntnis, Achtung, Respekt und Annahme haben eine neue Insel auftauchen lassen, die wunderschön und still im Wasser ruht.
Diese Insel ist ein Zeichen der wahren Liebe.
Ein Zeichen für die neue Zeit.
Ein Zeichen für das lebendige Herz, das in allem Leben pocht.
Ein Zeichen für so vieles, was dieser Ozean noch hervorbringen wird.

Der Ozean aus ungeweinten Tränen berührt uns alle.

Erkenntnis, Achtung, Respekt und Annahme haben die Ufer des Meeres verändert.

Wir können sie nun aufsuchen und bleiben. In dem Gewahrsein, dass das Meer uns sovieles schenken will.

Viele Monate war ich wie immer in meinen Arbeiten in Bereichen unterwegs, die das *Sichtbare und das Unsichtbare verbinden.* Ich spüre, dass sich vieles verändert hat in mir. Im großen Ganzen. Auch wenn die Energien wilder und stärker als je zuvor tanzen, sich hochschaukeln zu kollosalen Wellen, geschieht gleichzeitig etwas so Wunderbares. Es lässt sich nicht in Worte fassen. Es ist einfach da. Es geschieht. Es ist in mir und ich vertraue. Es ist um mich. Für all jene spürbar, die tief inmitten des/ihres Wandels sind. Neue Felder reinen Bewusstseins verströmen wundervolle Frequenzen, die soviel Wundervolles möglich machen. Wunder geschehen.

Du kannst dein Herz heilen.
Dein Herz befreien.
Dein Herz öffnen für ein neues Leben.
Für ein Leben, das deine wahre Natur hervorbringt.

Wege des Erwachens, der Bewusstwerdung öffnen sich mehr und mehr. Sie sind nicht immer einfach zu gehen! Diese heilige Reise verlangt viel vom einzelnen Menschen, von allen Menschen. Und doch ist es genau diese Reise, die uns das wahre Leben schenkt.

WUNDERVOLLE SEELEN auf der Erde.
Liebe Frieden Freude Glück tragen sie in sich in Hülle und Fülle...
...all das ist und braucht jetzt Annahme...

Mensch erkenne dich selbst! Wach auf. Du kannst es.
Deine Tränen bergen soviel Freiheit.

Danke dir und allen Menschen, die bereit sind ihre Schmerzen und Verletzungen anzunehmen. Die bereit sind die Kräfte des Wandels, der Transformation in ihr Leben zu lassen. Jede Wunde die gereinigt ist - jede Träne, die geweint wird - kann eine neue Welt hervorbringen.

Jeder Mensch kann eine neue Welt hervorbringen.

VERTRAUE.
Du bist die Kraft.
Die das Neue erschafft.

VON MANN ZU MANN

Wilder ungezähmter Schmerz bricht sich einen Weg frei, um endlich, endlich gesehen und erkannt zu werden...überall auf der Erde sehen wir, wenn wir das wollen, seine Gesichter...

Schmerz, der trennt, festhält, missbraucht...
Schmerz, der ständig nichts anderes als Opfer und Täter erschafft. Schmerz, der wie ein gewaltiger Tsunami alles verschlingt. Vernichtung, Elend, Zerstörung... *noch mehr Schmerz Ergebnis all dieser Wiederholungen.*
Schmerz, der nur zu oft einfach gut versteckt, unterdrückt, toleriert, verschwiegen,...ja erstickt wird unter den Masken der gesellschaftlichen Hierarchien und Strukturen.
Schmerz – und das ist eine schreckliche Realität – der weiter gegeben wird von Generation zu Generation.

Männer sind eben nicht nur Männer. Sie sind Söhne und Väter. Sie sind Kinder und Enkelkinder. Sie sind Brüder und Freunde. Sie sind Ehemänner und Liebhaber. Sie sind Geliebte und Liebende. Sie sind Versorger. Sie sind Reiche und Arme. Genies und Halbgötter, wenn nicht gar Götter. Sie sind die Führer in Führungspositionen. Die Anführer. Sie sind Arbeiter und Ausgebeutete. Sie sind Ausbeuter. Sie sind Chefs und Untergebene von Männern. Sie sind Kämpfer, Soldaten, Helden, Krieger. Sie sind weiss, schwarz, gelb, rot...sie sind Katholiken, Hindus, Buddhisten, Islamisten, Orthodoxe, Christen, Ungläubige, Beschnittene, Unbeschnittene,....

Sie sind sovieles was sie sich selbst und ihren Geschlechtsgenossen auferlegt haben. Sie sind sovieles was sie sich selbst und ihren Geschlechtsgenossen zumuten. Was sie von sich als Mann und von anderen Männern erwarten. Was sie von sich selbst und anderen Männern verlangen.

" *ES GIBT EINEN WEG VON HERZ ZU HERZ* "
Afghanisches Sprichwort

Es ist Zeit liebe Männer! Betrachtet euch selbst im Spiegel des Lebens. Es ist Zeit!

Es ist Zeit Rollenbilder und uralte Männlichkeit zu erkennen, um endlich Wandel und Veränderung zulassen zu können. Es ist Zeit das Geschenk des eigenen Lebens, des MANN SEINs anzunehmen und endlich neu zu entdecken. Eure Seelen warten schon lange darauf. Und eure Herzen auch. Auch wenn ihr erst nicht wisst wie es gehen kann...

HEILUNG ZULASSEN... jeder für sich heilt seine Wunden...
gemeinsam heilt ihr eure Wunden...
Öffnet euch wieder für euch selbst und füreinander...

IHR SEID KRAFT DIE LEBEN SCHAFFT

...von Herz zu Herz...

VON MIR FRAU

Danke. Danke für die schöpferischen Kräfte, die mich auffordern dem nachzukommen, was mich inspiriert. Was mich führt. Heute sehe ich auf mein Tun - mein Sein - das mich getragen hat. Das mich in der einen Seele das Gemeinsame berühren liess und lässt.

Mein Leben erinnert mich unentwegt daran das Leben wieder zu schützen.

Den einzelnen Menschen zu schützen. Mann, Frau und Kind, ja Familie zu schützen. SCHMERZ OFFENBART SOVIELES ...
... möchte uns zeigen, wo die Wurzeln des Leidens sind und wie wir an diese Wurzeln gelangen können. Um anzunehmen was uns trennt von einem Leben in Liebe und Frieden. Von einem Leben, das unsere wahren Seelenkräfte ans Licht bringt, ja ins Leben bringt.

Jeder Mann, der in diesem Buch erscheint, hat mich an meinen eigenen Schmerz geführt. Jeder hat mich unterstützt - oft auf sehr schmerzliche Weise - mich wieder für mich und mein Leben zu öffnen. Ich konnte mich selbst SEHEN lernen. Ich konnte mich selbst FÜHLEN lernen. Ich konnte mich selbst LIEBEN UND ANNEHMEN lernen. Ich konnte mein wahres Dasein WAHRNEHMEN und bin weiter auf meinem Weg der Annahme und Heilung.

Heute da ich diese Worte schreibe, fließen Tränen aus meinen Augen, die mich zutiefst berühren. Sie lassen mich erkennen wie wertvoll jede dieser Tränen ist. Sie kommen aus meinem Herzen, das sich öffnet und lieben will. *Glanz und Schönheit meiner Seelenreise kommen ans Licht und Wellen des Dankes bereiten den Boden für Neues.*

Danke den Männern in meinem Leben.
Ich wünsche euch – meinen Brüdern – das Allerbeste
auf dem Weg in eine neue Manneskraft,
die all eure Schönheit, eure Würde und eure strahlende Seele
wieder leuchten lässt ...

AUTORIN

Agnes A.

… mein Leben beschenkt mich reich. Es lässt mich eintauchen in meine schöpferischen Potentiale. Und ein natürliches Wachsen und Werden nimmt seinen Lauf. Menschen verfügen über soviele Talente und Anlagen, die ihnen zumeist nicht bewusst sind. Über Konditionierungen und Grenzen hinauswachsen. Sich den eigenen Seelenkräften wieder öffnen…sich wieder anvertrauen!

Hier im BeREICH wundervoller Gaben und Potentiale liegen meine Stärken, die ich gerne einbringe. Es ist so schön zu erleben, wenn ein Mensch das Eigene, das ganz individuelle Einzigartige in sich befreit und ins Leben bringt.

Kontakt:

anaiagold@gmx.at

Zur Seelenlesung

.... Eine Seelenlesung ist immer vollkommen individuell. Ein sich einlassen auf die Energien, die hier am Werk sind, bringt Unerwartetes ins Fließen. Die ureigensten Potentiale kommen hervor und übersetzen sich. Codiertes zeigt sich nach und nach.... Bilder und Töne werden zu Führungen.

WEITERE BÜCHER DER AUTORIN

Reich der Seele
Dem Menschsein auf
neue Art begegnen

Brüder und Schwestern
im Wandel

VATER

SOHN

KIND

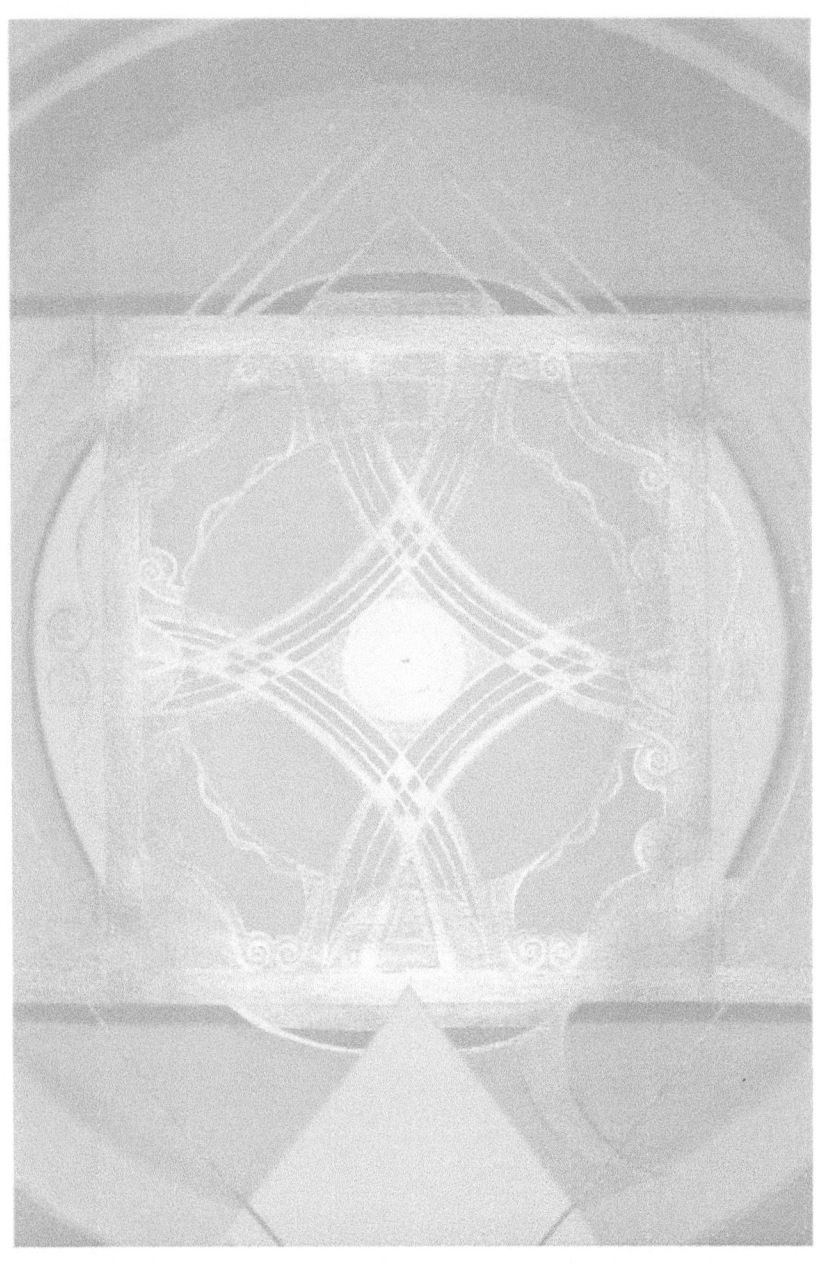